青少年
团队能力培训

本书编写组◎编

QING
SHAONIAN
TUANDUI NENGLI
PEIXUN

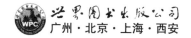

世界图书出版公司
广州·北京·上海·西安

图书在版编目（CIP）数据

青少年团队能力培训／《青少年团队能力培训》编
写组编． — 广州：广东世界图书出版公司，2011.4（2024.2 重印）
ISBN 978－7－5100－3442－8

Ⅰ．①青… Ⅱ．①青… Ⅲ．①组织管理学－青年读物
②组织管理学－少年读物 Ⅳ．①C936－49

中国版本图书馆 CIP 数据核字（2011）第 058331 号

书　　名	青少年团队能力培训
	QING SHAO NIAN TUAN DUI NENG LI PEI XUN
编　　者	《青少年团队能力培训》编写组
责任编辑	张梦婕
装帧设计	三棵树设计工作组
出版发行	世界图书出版有限公司　世界图书出版广东有限公司
地　　址	广州市海珠区新港西路大江冲 25 号
邮　　编	510300
电　　话	020-84452179
网　　址	http://www.gdst.com.cn
邮　　箱	wpc_gdst@163.com
经　　销	新华书店
印　　刷	唐山富达印务有限公司
开　　本	787mm×1092mm　1/16
印　　张	13
字　　数	160 千字
版　　次	2011 年 4 月第 1 版　2024 年 2 月第 7 次印刷
国际书号	ISBN　978-7-5100-3442-8
定　　价	49.80 元

前　言

　　人类是生活在群体之中的，这就构成了人际关系。父母兄弟、亲戚朋友、领导下属、师生同学、乡里邻居，在众多看似简单，却又十分复杂的人际交往中，人与人之间不知不觉的形成了一个团体。人们想要生活的阳光美好，幸福快乐，就必须学会如何在团体中与人相处、交往。

　　有人常用红花和绿叶来比喻实践活动中的主配关系。任何一种活动，都有主角配角之分。实际上主配角身份常常是互换的，有时你当主角，而有时他当主角，即便当了主角，在更高的领域中，仍处于配角地位，所以，想要在团体中生存，必须要甘当配角。只有当好配角，才能当好主角，当好主角，也是为了在更大范围内当好配角。

　　人们也常用水珠与大海来比喻个人和团体的关系。没有无数的水珠，就不可能百川汇大海，水珠不纳入大海，就会很快干涸消失。水珠越多，大海就越汹涌澎湃，大海越宽广，水珠就越有生命力。所以，只有甘当一滴小水珠的人，才能在生活的大海中自由奔流。

　　人们还常用细胞与人体比喻个人与社会的关系。人体是由细胞组成的，而细胞是依附人体生存的，充满活力的细胞是人体强健的必要条件。而强健的人体又能给细胞丰富的营养，人的分工虽不同，但"细胞"的地位不变，所以，每个人都要做好"细胞"，在各自的岗位上，发挥应有的作用。

　　个人与他人、与团体、与社会摆正位置是处理好人际关系的首要问题，也是每个人成长发展的重要条件。但要解决好人际关系中的问题，适应团队的节奏与步调，还需要在这个基础上，不断培养和提高与人、与团队相处的技能和方法。

今天的中小学生，大部分是独生子女，在爷爷奶奶和父母的集中培养下，难免有以自我为中心的倾向，遇到问题不能协调自己和他人的关系。《青少年团队能力培训》一书，力图用比较浅显简单的道理和游戏，培养中小学生团队协作的精神，建立和谐的人际关系，形成良好的社会道德风尚。

目 录
Contents

团队能力——人际交往

团队能力——社交礼仪

团队能力——个人、他人、团队的关系

如何看待他人、集体和社会

我们每个人都要生活在集体中，每个人都不能离开他人、集体和社会。不管是工作、学习，还是生活，都无时无处不与他人、集体和社会发生这样或那样的联系。青年朋友一定会问，个人为什么离不开他人、集体和社会呢？

朋友们，人类是从劳动中产生的，劳动总是在一定的社会关系中进行的。人类从产生开始，就具有社会性，人是社会的动物。"创造人的是自然界，启迪和教育人的却是社会"。但人又不同于动物，人不但具有自然属性，更重要的是具有社会属性。任何社会都反映了一定集体的利益，也决定了个人的利益。个人利益依赖于一定的集体和社会，集体和社会又是实现个人利益的条件。个人与他人、集体、社会的关系就是这样既对立又统一的。

在原始社会里，我们的祖先使用石器、木棒等简陋的生产工具，在自然灾害频繁、野兽横行的恶劣环境中参加生产，他们经常采取简单的协作形式共同劳动，产品平均分配，这就使他们养成了朴素的集体、群众观念。他们认识到个人与集体、个人与他人是不可分开的，所以在生产、生活、生存过程中竭力维护这种关系。也就是说，人类一出现就体现了社会性、群体性。

随着生产和分工的发展，人类社会出现了阶级。从形式上看，在阶级社会里，人们似乎可以单独地进行生产，但人与人之间的相互交往、相互依赖却更为加强了。比如封建社会自给自足的小农经济，单个的小生产者既要同他人、同农民整个阶级发生联系，还要同封建地主阶级发生被剥削与剥削、被统治与统治的关系。只是在阶级社会中，由于生产资料的私有制，才把人与人之间的关系变成压迫与被压迫的关系。但这并没有改变个人对他人、集体和社会的依赖。就是文艺作品中的鲁滨逊，他能在荒岛上生活下去，也必须充分利用社会原先所给予他的智慧去获取食物、建造简陋的居室和准备逃离荒岛的木舟……他也离不开土人"星期五"。他的社会知识、生产技能、生活本领都来源于社会的启迪和教育。

人类社会发展到今天，文明水平达到今天的高度，个人与他人、集体、社会的联系，在深度和广度上远非前人所比。世界上万事不求人的人是不存在的，任何生活产品都是社会集体劳动和智慧的结晶。就拿穿衣来讲吧，要穿衣，就必须同服务行业（不管是个体还是集体的）、商业部门发生联系；商业部门又要同纺织工业部门发生联系；纺织部门的原材料又来自农民兄弟，又把农民（包括个体的、集体、国营的）联系起来了；而农民兄弟种棉需要的工具、肥料、科学技术等，又把工业部门、科研部门、教育部门联系起来了……可以说，人们的衣食住行都离不开他人、集体和社会，他人、集体和社会是每个人生存的必要条件。

科学技术同样离不开集体。人类认识世界和改造世界所取得的每一个巨大进步，都靠的是集体的智慧和力量。一个人的发明创造，需要在千百个人失败的基础上出发。科学家的成功，不是只依赖于个人的思想，而必须综合千万人的智慧。大自然所表现出来的智慧形形色色，变化万端，为了赢得它，必须运用集体的知识和联合大家的努力。正如钱学森所说："现代科学技术的研究不能靠一个人的劳动……百分之九十五的科学技术都要靠集体，不能单干，单干没有生命力。当然并不是吃大锅饭，这个关系也是辩证的。"

任何一个人的才智只有在一定的集体和社会中才能充分显示出来。"单独一个人可能灭亡的地方，两个人在一起可能得救"，人们团结在一起可以做出个人所不能做的任何伟大事业。古往今来，各种有识之士和英雄豪杰，如秦皇、汉武、唐宗、宋祖，都曾有着辉煌的历史功绩，但他们谁也没有离开过他人、集体、社会和时代的力量。时势造就英雄，一个人只有当他在某个特定的社会中占有时代所需要的地位时，他才能显示出才能，干出大事业。个人好像一滴水、一粒沙，而集体的智慧和力量才能排山倒海。红花虽好，还须绿叶相衬，这是历史唯物主义的一个重要思想。

青年朋友，当你在社会主义的集体中设计自己的未来，规范自己的人生时，你将同他人、集体和社会一起前进。

协调个人与他人的关系

每个人都生活在人群中，工作、学习、娱乐都要与别人接触、交往。怎样对待他人，是性格表现的最常见的方面。在对待他人的态度中，一个核心的问题是个人对集体的态度，因为在我们的国家里，任何人都处于一定的集体中。一个热爱集体的人，他会对集体中的其他个体也表现友爱、关切和尊重；而一个对待别人冷漠、傲慢的人，也难以真正热爱集体。可以说，对集体的态度是待人态度的集中反映。

为了隆重庆祝英国足球联赛举办一百周年，伦敦的温布利球场举行了一场世人瞩目的足球表演赛，结果、英国选拔队以3∶0战胜了由世界著名球星马拉多纳、普拉蒂尼等组成的世界明星队。论个人技巧，明星队个个精湛娴熟，可谓是珠联璧合，场上也不乏上佳表演。但何以未能攻破对方的球门、反而连失三球呢？原因在于整体配合欠佳。

像足球这样的集体运动，不处理好队员与球队的关系，是很难取胜的。在第12届世界杯足球赛上，阿根廷队过分强调"球星"的作用，结果被淘汰；在第13届世界杯赛上，他们以前车之覆为鉴，既注意发挥"球星"的作用，又重视球队的整体配合，马拉多纳的中场拼抢，巴尔达诺的锋线频繁冲击，布鲁查在后卫线上的前呼后应，使马拉多纳大放异彩。所以，比托尔多教练说："这一次我们是靠集体的力量赢得世界冠军的。"

我国的许多优秀运动员都是深谙此理的。"铁榔头"郎平常说："在场上我只是六分之一，在场下我只是集体的一员"，"我的每一记重扣的成功，无不包含着同伴们的努力。"事实确是如此，如果二传不到位，其他队友不配合、掩护，郎平就会"孤掌难鸣"。即使像乒乓球这类重于个人竞技的运动项目，也离不开集体，世界冠军们不是常这样说吗："荣誉应该属于大家，属于那些用心血和汗水把我们扶上冠军宝座的无名英雄"，"冠军是靠集体力量得来的，不能记在个人的账本上"。

"球星"与球队的关系，是个人与集体关系的写照。这个"关系"关乎我们每个人，小至日常的生活、学习，大至两个文明的建设，个人是集体的一分子，个人既有赖于集体，又要在集体中积极发挥作用。个人也只有融汇于集体之中，才能有力量，才能充分施展自己的聪明才智。集体是由若干个个人组成的。但这不是简单的凑合，而是有机的结合。这"合"的方式大有讲究。比如，同样是碳原子（C），既可构成用作研磨切割材料的金刚石，又可构成制作铅笔芯的石墨，两者的差距多显著呀！自然界尚且如此，更何况有血有肉有思想的社会的人呢？

从个人来说，首先要树立集体观念；其次，摆正个人在集体中的位置，个人为集体争荣誉，集体为社会做贡献。我国每一项重大的发明创造，每一项成就的取得，无不是这样得来的。

1981年我国科学工作者首次人工合成核糖核酸，有人把它形象地喻为"金字塔"，参加的有北京和上海的6个单位，140多人，历时13年。西方国家的一些生物学家感慨地说：这样大的课题，只有社会主义中国才能这么快地聚兵攻坚。确实如此。这一课题的参加者，无论是担任实验工作、管理工作，还是后勤工作，大家都密切合作，尽心尽力，他们说："没有坚实的基础，盖不成高楼大厦，只要我们工作做得好，配角也能在威武雄壮的戏剧中起重要作用。"他们中有的白天做实验，夜晚翻译资料；有的为了探索最佳的测活方案，通宵达旦地查阅文献；有的连续工作几十个小时，吃饭、睡觉都不离实验室；有的放下了个人可以出论文的课题；有的放弃了出国进修的机会；有的冒着眼睛失明的危险，共间的努力，使我国的这一研究进入了世界先进行列。

英国物理学家卢瑟福说过："科学家不是依赖于个人的思想，而是综合了几千人的智慧，所有的人想一个问题，并且每个人做它的部分工作，添加到正建立起来的伟大知识大厦之中。"青年人有理想、有抱负，都希望自己有所作为，这是很可贵的。但有时往往不恰当地估计自己，以为强调集体会妨碍个人才智的发挥；有时又过于依赖集体，降低或放松对自己的要求，不注意在集体中发挥个人的作用。

事实上，个人与集体是个互为作用的整体，没有个人就无所谓集体，没有集体个人也就失去了依托。拿破仑在征服了欧洲，登上阿尔卑斯山的时候，曾经骄傲地宣称：我比山高。可是，他却忘记了，如果没有身后成千上万的法国士兵，他决不会在战场上创造出任何奇迹。奥斯特洛夫斯基说得好："谁若认为自己是圣人，是埋没了的天才，谁若与集体脱离，谁的命运就要悲哀。集体什么时候都能提高你，并且使你两脚站得稳。"

卢瑟福

不团结的中国人是丑陋的

曾经有一本专讲中国人"丑陋"的书，不少青年人怀着好奇心，竞相阅读，曾经流传了一阵子。书中说中国人聪明，而且很聪明，单个中国人同单个外国人比，一定胜利；而几个中国人一起同外国人比，则必败无疑。原因在于中国人不团结，一盘散沙。用我们的话说，就是缺少集体主义。

说得没错，不团结的中国人再怎么聪明也是丑陋的。但实际上中国人全是这样吗？

现实如何呢？

记得当年大兴安岭特大火灾发生时的情景吗？《人民日报》记者是这样报道的：

灾区邮局成了人的感情和信息交流的中枢。

"请接受八个厦门特区人的心意"（捐款800元）。

"向灾区儿童表示亲切慰问。钱虽少，却是我们全班少先队员的一颗心

（捐款 11 元 5 角）。"我们全家向灾区亲人问候"（捐款 100 元）。

在署名为"北京一小伙"的伍元汇款单上写着："祝你们在抗灾中创造奇迹！"

火灾中一处幸存的个人经营的"向阳旅店"，大火过后，店门大开，店主人把无家可归的灾民请进房中，热汤热炕，热茶热饭，天天如是，从未收过一分钱。

和"向阳旅社"相距不远的赵玉林家，先后住进了 50 多口灾民。记者于 5 月底走进这间小院时，还有 4 位"长驻灾民"。他们说，这个"大家庭"已不分主客，"除了房子，赵玉林已和我们一样，全自愿共产了"。而且，每天还有许多人在这儿"借吃"，随到随饱，最多时，这"家"的妇女们要做上 12 顿饭。他们说："这时候还分你我，那太没人味，"请再看看上海《青年报》记者的现场采访：

在这场大火中幸存下来的一些有房屋的家庭，现在已成了大家的家庭，大家都是这些在废墟边幸存下来的房屋的主人，只要是屋子里有的东西，你要借用，已无需与真正的主人打招呼了，拿来用了就是。

……一把菜刀，几户共用，你切完了菜，我切，我切完了，再转给他。油盐酱醋，米罐、蔬菜等，都已经分不清主权属谁。

灾后的第三天，县城里就来了推车卖蔬菜的。开始，人们不敢问津，唯恐他们抬价。终于，有人上前问价。出乎意料，没抬价，还降了价。卖菜的说："这个时候抬价，太缺德了，我不会干这种事。"

"丑陋的中国人"能这样么？曾经"一盘散沙"的中国人，在中国共产党的领导下，在社会主义制度下，有共同的理想、共同的信念、共同的道德标准，产生了一股强大的凝聚力，人与人之间形成了团结友爱的关系，"一人有难，八方支援"。"大火无情人有情"。大火吞噬了森林、房屋……，但大火锤炼了人们。人与人之间的关系在大火中得到了升华，成了人们抵抗不幸、战胜灾害的精神支柱。灾区处处闪耀集体主义的光辉。

世界之大，可以分解成三个基本因素：你、我、他。世界上的许多事情，也无不取决于你、我、他。例如救火，你救、我救、他救，大火扑灭了。在困难面前，你帮我，我帮他，他帮我，困难克服了。你、我、他心往一处想，劲往一处使，就会产生很大的合力，就能创造出奇迹。反之，如果人人只知有我，不知你、他，"各人自扫门前雪，休管他人瓦上霜"，事情就不好办；对"我"来说，也不妙。奥斯特洛夫斯基说过："利己的人最先灭亡。他自己为自己而生活，如果他没有了这个'我'，那他就无法生存了。"

大兴安岭火灾

国家利益、集体利益和个人利益相结合，个人利益服从国家利益和集体利益，这是我们调整个人和社会集体关系的根本指导原则。马克思指出："只有在集体中，个人才能获得全面发展其才能的手段。"所以，教育家马卡连柯说："我们的教育任务，在于培养集体主义者"，"没有在集体中的专门练习，是不可能培养共产主义的意志、共产主义的勇敢和共产主义的目的性的。"大兴安岭的森林大火是一件坏事，但灾民们的行动，却给我们上了一堂生动的集体主义课。它体现了社会主义制度的优越性，也是我们党长期进行教育的结果。灾民们自信地说："只要活着，什么都会有。"他们的力量哪里来？"人的巨大精神力量就在这里——觉得自己是在友好的集体里面。"（奥斯特洛夫斯基）

现在，我们青年人都生活在"友好的集体里面"，那么，我们应当为集体做些什么呢？想来每个人是会作出正确的答复的。

为何要将团结做得更好

青年朋友之间相处，有时会出现一些不团结的现象。有的是因为在学习或生活中互不服气；有的是因为计较个人的利害得失；有的则因为只和自己个性合得来的人在一起，而疏远和排斥他人……所有这些，都会影响彼此之间正常的人际关系，不利于工作和学习，也不利于个人身心健康。

历史上许多仁人志士，为了共同的事业，都懂得团结的重要。在我国古代，赵国的廉颇和蔺相如之间团结的故事是一直被人们传诵的。

战国时期，蔺相如以自己的智慧和雄辩才能为赵国立了大功，国王拜他为上卿，官位比在战场上屡建功勋的廉颇还高。廉颇很不服气，扬言见到蔺相如要当面侮辱他。蔺相如为避免和廉颇争高低而发生冲突，便一再回避廉颇，甚至假称有病，不与廉颇同时上朝。有一次蔺相如在路上碰到廉颇的马车，就叫手下人把自己的车马让开，手下的人很不服气，以为蔺相如怕廉颇，表示很有意见。蔺相如对他们说："我单身到秦国去，连秦王都不怕，怎么怕廉将军呢？只是秦国之所以不敢侵略赵国，就因为赵国有我和廉将军罢了，如果我们互相不和，国家就要受难了。"这话传了出去，廉颇听到后，羞愧万分，就光着上身，背着荆条到蔺相如家，当着许多客人，公开赔罪。这就是"负荆请罪"这个成语的来历。蔺相如看见廉颇这样，一把抱着他，感动万分。从此，他们成为知心朋友，共同治理赵国。因为他们很团结，秦国果然不敢来侵犯。

人们都羡慕球星，球星在一个球队里的作用可谓大矣！但是如果离开团结的球队，他们又将怎样呢？美国大名鼎鼎的"篮球飞人"乔丹率"公牛队"四夺总决赛冠军。人们都说是"飞人"乔丹创造了公牛队，乔丹却说："是公牛队队员的团结造就了我。"是啊，离开了篮球队员的团结，球星不仅个人不能发挥作用，而且连队员也不能成为了。

纵观古今中外，任何一个人的成功都离不开集体团结的力量。智勇双全的张良，若不是投靠了刘邦，单靠单枪匹马的行刺，能实现宏图大志吗？离开了笛卡尔的启示和普里斯特等人的共同研究的科技成果，牛顿能提出

"牛顿第一定律"吗？

单靠一朵美丽的鲜花，打扮不出美丽的春天，个人只有融入团结的集体才能实现宏伟目标。

一个国家、一个民族只有精诚团结，才能自立于世界，才能谋求进步和发展。特别是我们这些作为新世纪的接班人的青少年更应该学会团结，这样才能立足社会。继承和发扬中华民族的传统美德，也是我们作为炎黄子孙义不容辞的责任。

严于责己，宽以待人

著名爱国将领孙毅将军对群众和蔼可亲，体贴入微，而对自己对亲属，却要求很严格。在他担任总参谋部顾问之后，坚持只要一名司机，其他服务人员都不要。派给他的"红旗牌"轿车开来几次，他都让退回去了；派来的工作人员背着背包来报到，他都耐心说服，坚持把人送走；修房子的事情，有关部门的同志和他商量过几次，他总说："国家有困难，不能把这么多钱花在这里。"

孙毅从不愿给别人添麻烦。1980年，他来到了终南山下的一所陆军学校，在紧张的调查研究工作中，迎来了"五·一"国际劳动节。在节前，他对唯一的一名随员说："五·一节学校放假，就不要再麻烦人家了，咱们到城里转转。"

学校得知后，给他们派了车。可是他吃过早饭，宿舍也不回，就出了校门。走了很长的路，才搭上一辆拉沙土的卡车，到了长安县。节日的街上人多，车上拥挤，他们就步行。直到晚上7点多钟才挤上公共汽车返回学校。孙毅的这些动人事迹在陆军学校广为流传。

孙毅对配备的那辆专车，把得很紧。他多次对司机和家里人说："车是给我办公用的，谁也不能随便坐。"

有一次，孙毅的一个外甥女从天津来看他，临走时带了不少东西，天还下着小雨，司机满以为这是外地来的客人，可以越出"家规"，就把车开了出来。孙毅发现后，立即拦住，说了声："我送她上火车！"就提起包，挤上公共汽车，把外甥女送到了火车站。

提起孙毅关心群众的事来，他的司机小安总是滔滔不绝地讲个没完。有一件事，他不知说了多少次，因为对他的教育太深了。

那是 1977 年深秋的一天下午，小安的母亲从山东农村来北京看望儿子。

小安知道孙毅家的房子紧张，就在单位找了一间房子。母亲已到北京，马上要去接，再也瞒不住了，就如实地向孙老报告了。孙毅听后说："那怎么行，你妈妈是你的亲人，也是我们的客人，把她照顾好是我们全家的责任啊。"

说完，孙毅一边催促小安赶紧到车站接老人回来，一边同家里人一起收拾出一间房，抱出了新被褥铺好，直到安排妥当才离去。

已是深夜 1 点多钟，正在伏案工作的孙毅听到老人住的房间门响，想到老人刚来到这里路不熟，上厕所摔着怎么办，急忙拿起一个便盆送过去，让老人赶紧回屋。

第二天一早，孙毅把小安找来，叮嘱他一定要照顾好母亲。小安来到母亲屋里，老人眼含热泪把夜里的事情讲给他听，并再三嘱咐儿子："我以为你在外边干的是伺候别人的事情，这一来可明白了，这么大的首长伺候起咱来了，这叫俺心里过意不去。往后家里的事不用你挂心，你照看好这位首长，比孝敬我还要紧。像他们这些老首长能多活几年，也是咱们老百姓的福气啊！"

孙 毅

客观评价他人有利团结

"看人"是"待人"的前提。倘若连看都看不准，还谈什么正确相待呢？人是社会的人，看准谈何容易，旧时不就有"知人知面不知心"之说么！其实，"不知心"怎能说"知人"呢？青年人涉世不深，看人往往失之偏颇、表面化、绝对化、感情化便是其主要表现。当然，这些毛病并非青年人所独占的，不少都是"古已有之"的。

比如，表面化，或"以衣取人"，或"以貌取人"，或"以言取人"，样样都有。当初，刘邦"不好儒"，对知识分子很反感，甚至对于"衣儒衣"、"冠儒冠"的来者都拒绝接待，有的还被他当众侮辱一番。有鉴于此，"儒生"郦食其说自己是"高阳酒徒"，才见到刘邦，他说："夫足下欲兴天下之大事而成天下之大功，而以目皮相，恐失天下之能士。"幸好刘邦听了他的话，改掉了"以目皮相"的毛病，后来终于贤人能士纷纷来归，共襄汉代帝业。

三国时的庞统，人称"凤雏先生"，是与诸葛亮齐名的人物，但由于其貌不扬。"浓眉掀鼻，黑面短髯，形容古怪"而屡遭冷遇，孙权不用他，刘备开始只让他当来阳县令。刘备后来听了"特派员"张飞的报告，才克服了"以貌取人"的毛病，改封副军师中郎将。

"真正的牧马人"曲啸，在一次报告中曾谈到过这么一件事：有一年，他从成都坐火车到北京，一上车，碰到一男一女两个青年人，打扮时髦，言谈举止也很时髦，搂搂抱抱，打打闹闹。他觉得"有点太过分了"，"不像话"。后来，火车到了一个车站，洪水把桥冲塌了，旁边山上掉下一块房子大的石头，正好砸到前面的车厢上，伤了不少人。这当儿，车厢的门都关上了，打不开，那个小伙子却打开窗户，蹦下去了，帮着列车员、乘警把受伤的旅客抬到一间小房子里。末了，小伙子又从窗子里爬了进来，手上还有血污。曲啸说："这一路他给我的印象是'不像话'，而遇到特殊情况时，他却能冲上去，表现出他思想内在的闪光点。于是，我又感到他了不起。"一个小伙子，集"不像话"与"了不起"于一身，不是挺有意思么！

人是活的，是一个综合体，有形形色色的点和面。这些都是由一个人的生活环境、经历、性格、年龄等因素合在一起起作用的。这些因素优劣交错、千差万别，人与人之间各不相同，也无须相同，"千人一面"就不成其为社会了。所以，人都是长短互见、优劣共存的，而且，在一定的条件下，都会向相反的方面转化，大可不必"攻其一点，不及其余"，"一好百好"也不科学。表与里的关系是辩证的，不观表无以察里，要察里必须观表。夏伯阳，原是一个游击习气极浓的旧式军人，酗酒、骂人、厌恶思想政治工作，屡屡冷落甚至戏弄党组织派去的政委，但他骁勇善战，指挥有方，临危不乱，体贴士兵，后来终于摒弃旧习，成为苏联的民族英雄。光盯着夏伯阳的过去，能正确对待夏伯阳么？

看人，尤其是看青年人，要有发展的眼光，即使眼前毛病多一点，也没有什么可大惊小怪的。关键在于我们正确地看待他们，热情地帮助他们，晓之以理，动之以情，疏之以道，导之以标。古希腊唯物主义哲学家德谟克里特说："不要对一切人都以不信任的眼光看待。"对暂时处于先进分子行列之外的人，尤其如此。青年盛其顺，原是个"比挣钱"、"吃亏的事决不干"的人，后在老山前线血与火的战场上，"比战绩，比贡献。我不认为自己残废了就是吃亏"。从他的话和行为来看，前后简直判若两人！这同解放军不用"不信任的眼光"看待他是分不开的。倘若把他看"死"，非但成不了一等功臣，恐怕连上战场的份儿都没有。客观看待他人，团结一切可以团结的力量，就是具有这么神奇的力量。

"不要以不信任的眼光看待人"，一要看到别人的优点、长处，予以充分肯定；二要对他的不足之处，提出诚挚的批评，帮助他改正，并相信他能够改正。"人要完人"，是不信任的症结所在。美国作家霍桑在短篇小说《胎记》中写了这样一位科学家，他的妻子如花似玉，婀娜多姿，但他从她脸上挑出了一个从娘胎里带来的特殊的很小的嫣红斑痕，尽管无碍观瞻，但他认为它破坏了美色的魅力，要把面颊改善到十全十美得毫无瑕疵，他研制了药水让妻子外用、内服，当斑痕最后褪尽时，美人也呜呼哀哉了。这个故事是很发人深省的。

团结友爱需要互相关心

青年人充满了热情，往往关心别人胜过关心自己。但是，也有人认为关心他人的人是"傻瓜"。

关心他人的人果真是"傻瓜"吗？回答当然是否定的。如实地说，这样的"傻瓜"并不傻，而是真正的聪明人。

这样的"傻瓜"不傻，首先在于他对人类的道德传统能够择善而取，而不是兼收并蓄。在人类的道德园地上，历来是良莠相杂、善恶并存的。然而，道德发展之大势则是剔莠扶良、抑恶扬善的。这一点，在对人们道德品质评价上表现得尤为突出。

达尔文、华莱士、赖尔、赫胥黎几位科学家的彼此关心、真诚友谊一直在科学界传为美谈。1859 年，达尔文经过三十年的呕心沥血，关于生物进化的理论终于孕育成熟了。正准备发表论文时，突然接到在远方岛屿上考察的朋友华莱士发来的一封信。信中有一篇论文提纲，希望达尔文推荐给当时在英国皇家学会供职的地质学家赖尔，如认为可以，则望发表。达尔文震动了，因为论文的纲目与论点和自己的论文几乎一样，如果这提纲一发表，就意味着自己创立学说的优先权的丧失。在这关键抉择中，达尔文毅然把华莱士的提纲推荐给赖尔，并对其很高的学术价值作了说明，望他帮助发表。赖尔深知达尔文研究多年，很有见地，于是在达尔文没有同意的情况下，把达尔文和华莱士的论文同时公布了。华莱士也不是贪功之辈，当他得知此事时，深为感动，并一再坚持，应以达尔文的名字来给生物进化论命名。对于这种关心他人重于关心自己的美德，人们是敬仰、赞颂的。

相反，在科学界，人们对于窃据他人成果为己有的数学家卡达塔则是嗤之以鼻的。半塔纳和卡达塔都是十六世纪意大利的数学家。1534 年，半塔纳以惊人的毅力解开了数学三次方程式，并在第二年的数学比赛中获胜。他的朋友卡达塔得知，就要求半塔纳教会他，并保证在半塔纳发表著作前不向外透露。半塔纳慨然相许。但是，卡达塔利欲熏心，竟然食言，在自己的著作中公布了解法，把别人的成果据为己有。半塔纳提出了谴责，卡达塔的学生费拉利出来为他的老师帮腔，于是双方达成协议：以数学比赛的胜负来判是非。但是，由于费拉利年青，当时已发现了四次方程式的解法，半塔纳在比赛中失利，被人辞去大学讲师的职务，落入悲惨的境地，三次方程式的解法被称"卡达塔解法"。不过，写在纸上的名誉却永远抹不去人们心中对自私自利者的鄙视。

仅此二例，足见人们对善恶之向背：关心他人为善，损害他人为恶，抑恶扬善，这就是社会之公论。关心他人的是顺道德发展之大势，怎么能说是"傻瓜"呢？相反，视关心他人为"傻瓜"的人，违背历史规律，倒不是聪明人。

这样的"傻瓜"不傻，还在于他明白一人立世，需要众人帮忙，而要成事，更是需要大家互相关心、互相帮助、互相爱护、团结一致的道理。俗话说："一个篱笆三个桩，一个好汉三个帮"；"红花虽好还要绿叶扶持"。《水浒传》中的林冲，若不是得到鲁智深的关心，性命早就结果在两个差人之手；武松若不是得到十字坡张青夫妇的关心，恐怕不是被官府抓去就是被其他"江湖好汉"所误伤；至于宋江，并无多大本事，若不是他"仗义疏财"，或者说，若不是众将的扶持，他怎能当上梁山好汉中的"一把手"呢？此为小说，现实生活也是一样。一个人，生病了会得到医生的关心；到商店买东西，会受到服务员的关心；就是自己口中吃的、身上穿的、手上用的，无不是别人"关心"的结果。如果真正是像某些"聪明人"说的那样，"各人自扫门前雪，休管他人瓦上霜"，恐怕世界上一个人也难以正常活下去。因此，关心他人的人，符合于立世和成事的要求，顺势而行，怎能说这样的人是"傻瓜"呢？

这样的"傻瓜"不傻，从根本上来说，是因为关心他人符合于人的社会性。个人和他人是比较而言的，和个人相对的"他人"实质上不是一个人，而是由许多"他人"组成的集体、社会。个人和集体、个人和社会相互依赖。人的价值存在于团队、社会之中，离开团队和社会的个人是不存在的，是无法生活的。

"鱼欲异群鱼，舍水跃岸则死；虎欲异群虎，舍山入市即擒"，这是以动物喻人不能离"群"；而"皮之不存，毛将焉附"，更是对个人依赖于集体的很好说明。集体、社会也离不开个人，离开个人的集体、社会也是不存在的。个人与集体、个人与社会的这种客观的辩证关系正确反映在人的道德原则上，就是人要关心他人，要视关心他人为善、为美。《礼记·坊记》中说："君子贵人而贱己，先人而后己"；狄更斯说："世界上能为别人减轻负担的都不是庸庸碌碌之徒。"

怎样搞好同学间的团结

俗话说："人心齐，泰山移。""团结就是力量。"可见团结的巨大威力。

我们同学间不团结就会互相猜疑，产生内耗。心情不愉快还会影响我们的学习和身心健康。只有互相团结，互相爱护、帮助，才能互相长进，茁壮成长。

从前，有个叫"团结果"的故事，讲的是：一只喜鹊从很远很远的高山上衔来一棵果树苗。兔子忙把果树苗种在土里。猴子常来施肥，大象经常来浇水，果树苗很快长大，结了满满一树果子。喜鹊说："树苗是我衔来的，让我先来尝尝果子。"它飞到树上，一个劲地吃起来。猴子说："我经常来施肥，不然果树能长大，结果吗？"它爬到树上一个劲地摘果子，边摘边藏。大象挺不高兴："要是我不浇水，它能长大吗？"说完，就用长鼻子采果子。可怜兔子又矮又小，一个果子也吃不着。它们互相争吵，果树渐渐枯了，果子也慢慢烂了。这时来了一位聪明人，告诉他们："这棵果树叫团结树，你们只有互相团结、友爱，它才会结出团结果。"动物明白了，又和和气气，一起劳动。团结树越长越茂盛，结的果又多又大又红。这时它们一起去摘果子，兔子再也不怕自己又矮又小摘不到，它趴在大象的背上摘，不一会儿，就摘了几大筐果子。

同学们，这个故事告诉我们：只有互相团结、友爱，才能结出丰硕的果实。这个故事里的喜鹊、兔子、猴子、大象，它们起初只知道自己的长处，而看不到别人的长处，结果遇到了麻烦事。我们每个小朋友也都有自己的长处，不能因自己的长处而沾沾自喜，看不起别人，而应该想方设法以自己的长处去帮助同学。此外，要搞好团结，从小就要培养自己好品性，如待人要宽厚、热情；处事要多从对方的角度去想想；遇到矛盾、冲突时要忍耐、克制自己的感情。这样，我想你一定会和同学团结、友爱相处的。

站在他人的角度考虑问题

青少年团队能力培训

QINGSHAONIAN TUANDUI NENGLI PEIXUN

在团队中一个被人尊敬受人爱戴的人，一定是懂得关心他人，知道如何和他人合作的人，明白要多站在他人的角度去考虑问题。其实，只要能设身处地地为他人着想，就能减少很多摩擦与冲突。我国的著名思想家孟子曾经说过："君子莫大乎与人为善。"一个人如果自私自利，斤斤计较，那他必定没有真心的朋友，也不可能获得真正的成功。相反，一个人如果慷慨大方，不计得失，那他必然会获得朋友的真心和真正的成功。

其实，要做到与人为善起来很简单，做起来却不是一件容易的事，它包括相当广泛的内容。如：关心他人，当朋友遇到困难的时候，主动伸出友谊之手；尊重他人，不去探究他人的隐私；不在背后议论、批评他人；善于和别人沟通、交流；善于和那些与自己兴趣、性格不同的人交往；承认对方的价值和努力，对于错误要负起自己该负的责任……总的说来，与人为善最重要原则就是"己所不欲，勿施于人"，凡事要从对方的角度来考虑。

达西是个十分成功的商人，他在一家大酒店租用了一家酒店的舞厅，用来举办一系列的名人讲座，以此来帮助那些想要获得成功的人。

但是，就在他酒店签约还不到半年的时候，酒店突然通知他，从下半年开始，达西需要付双倍的租金才能继续在这里举办他的演讲，否则，酒店就要终止合同。

对于达西来说，他十分不希望和酒店的合同终止。因为，他已经和很多名人签订了演讲合同。如果合同解除了，在当地他很难再找到如此适合演讲场地了。但是，要让自己一下子支付这么多的租金，达西还是不可能接受的。

达西知道自己去和酒店的人理论是不会有任何效果的。于是，就在接到通知的几天后，达西找到了酒店的经理对他说："在接到您的通知后，我觉得十分惊讶。但如果我站在你所处的位置，我想我也会发出一封类似的通知。这是每一个酒店经理都应该尽的职责，您需要增加酒店的收入。我可以理解你的想法，所以，我并不怪您。"

达西说完这番话后，酒店经理点了点头。

于是，达西又平静地说："我站在您的角度为您考虑了，也希望您能站在我的角度为我考虑一下。一时间我不可能找到比您的酒店更适合的地方，但要我付双倍的租金，我也不可能办到，所以，我觉得我们应该坐下来好好谈谈。"

酒店经理听了达西的话，觉得十分有道理。于是，两个就坐在一起把事情好好地谈了谈。最后，达西与酒店经理都站在对方的角度去考虑问题，结果双方都作出一定的让步。

在团队关系中最原初的关系，就是一种互助互谅的关系，这种关系本身又必定建立在互相理解的基础之上。这种理解不管从理论上说可以有多少环节多少障碍，但在经验上，只要我们大家都是人，就可以从自身的趋凶避害的原始要求上，找到理解他人的前提。

如何培养学生的团队精神培养

首先要加强班集体建设，强化学生团队意识。团队首先是一个集体，学生在校的基本单位是班级。学校要做的不仅仅是让他们坐在一起学习，更重要的是要统一大家的意识，营造一个"家"的氛围，让找到"心有灵犀一点通"的感觉。让同学们感觉到自己真正置身于一个彼此尊敬、相互信任、志同道合的家庭似的团体之中。在这里大家都是兄弟姐妹，要相互关心、相互爱护，不能忽视班级中的任何一个人；在这里每一位成员都可以学会包容、欣赏、尊重其他成员的个别差异性，每位成员都能拥有自我发挥的空间。让学生明白，我们的小组、我们的班级、我们的学校就是我们的团队，我们都是这个团体中一员，我们都要为这一团体而奋斗。使所有成员产生团结感，树立共同目标，共创未来。还要培养学生整体配合的协作精神，树立团队集体主义观念。当你融入这个团体，你就是这个团体的一分子，你的言行代表了团体，影响着整个团体。在班级和团队中，无论你多么优秀，你都必须有团队合作的能力，自己需要得到他人的帮

团队能力——个人、他人、团队的关系

助，要想得到别人的帮助，自己就必须先主动帮助别人。

其次要开展各项集体活动，让学生在活动期间体验团队精神。团队精神更多的是通过集体活动体现出来，因此学校可以结合其他方面的工作组织各种各样的集体活动，让学生充分参与，体验团队精神的重要。像各种球类比赛（特别是足球、篮球比赛）、接力赛、各种科技制作比赛、拔河比赛、合唱比赛乐队演奏等等都需要大家团结互助、齐心协力才能够做好而不是靠个人的努力可以做到的，如果各自为政，各吹各的调，那是不可能完成的。在这样的活动中，学生就会亲身体会到集体的作用，体会到团队的精神。

最后，要组织学生参观现代企业或是公司，让学生充分感受团队精神的重要。现代企业分工越来越复杂，越来越精细，可以说现代社会中的任何一件产品，大到火箭、飞机，小到纽扣、手机，从设计到加工甚至是设计和加工的每一个环节都需要多个部门或者多人的通力合作才能完成，要是其中某个部门、某个环节出了差错，整个的产品就成了废品。真正体现了需要精诚协作的团队精神，如果我们能够有计划地安排学生到当地的企业的各个部门、各个车间参观，了解其生产过程和工艺流程。学生就会亲身感受到团结协作的重要，从而增强他们的团队精神。

团队精神

总之，诚信和团队精神作为个人发展的必备素质，作为企业发展的必要条件。学校教育担负着教育人、培养人的重任，它的终极目标是为社会培养建设人才，而高素质的人才必须具备诚信意识和高度的团队精神。我们必须在学校教育中通过各种方法和途径让诚信和团结协作精神植根于每一位学生的心田，使他们"言必行，信必果"和具有高度的团队精神。

团队中的几种角色

每个人的生活都离不开团队，因为，每个人都生活在团队之中。青少年生活在家庭这个相对比较特殊的团队中，学习在学校、班级这个很普遍的团队中，在其他的社会生活中，我们还会存在于各种各样的团队中。那么，在这些团队中，我们扮演的又是怎样的角色呢？

主导者：处事冷静的领导

喜欢带领团队，采用民主的方式并希望所有人都会参与，但你亦知道何时需要握回大权。达到团队目标是非常重要的，会对工作列出优先次序并确定所有队员对自己的角色有非常清晰的认识。

驱策者：精力充沛、意志坚强的领袖

喜欢支配团队的工作方式，希望队员依从自己的指示，作的决定是决断的及实际的并会非常坚持自己的意见，认为达到目标至为重要，因此对于队员的表现要求非常严谨，不大有耐性，然而队员亦尊重你的积极性及魄力。

创新者：团队的智囊

是个充满创意的人，时常喜欢提出新意见，由于非常自信，有时候对人会欠缺交际手腕，如别人批评自己的意见，会显得不高兴，因此有时会宁愿远离其他队员，避免发生冲突。

监察者：善于监察和评核团队的表现

喜欢仔细分析意见，看看它们是否符合团队的目标及方向，处事认真

及精明，因此别人忽略的问题你亦看到，由于这样，别人会觉得你很挑剔，但自己认为至少这样可避免犯错误。面对复杂资料，有能力明白个中意思，从而制订最好的决策。

执行者：团队的"办事人员"

是一个实际及非常有效率的人，能集中注意力，看清楚目标、工作及成效，对于一些前卫的意见不大感兴趣，处事小心及果断，着重细节多于速度，当自己进行一项工作时，最不喜欢的是要有很多临时的改动。

协调者：关心队员的需要

首要关心的是别人及他们的情绪，很易看到别人的长处及短处，当别人不开心时，会尝试去开解他们，认为彼此不应存有竞争，一个团队应像一个快乐的家庭。亦喜欢发掘别人的潜能，亦能够与沉默寡言的人展开沟通。

资源查探者：善于向外界求助

很有求知欲，喜欢探索团队以外的事物及其他人的工作，建立了很多联系，亦懂得善用其他人的长处。需要很多变化否则会觉得沉闷，有时会过于冲动，善于探索新方法并能说服及推动其他队员。

贯彻者：确保团队赶上工作进度

喜欢工作理想地完成，例如按时完成，否则会变得忧虑，会不断指出别人可改善的地方，令他们不会自满，因此会较集中看错误及细节，亦由于这样，会有时触怒别人，但却防止了他们变得不小心、太自满或懒惰。

专业者：专业知识、经验及技能的提供者

有专业或技术上的知识，能用简单易明的方法解释复杂概念，鼓励其他人要客观地看事物，对于不明白你的人，有时会显得不耐烦，对于别人的批评会非常留意。整体来说，是个有方向感及会为目标而奋斗的人，偶然会是颇为固执的。

独生子女的团队培养

有两个男孩子，过去他们在幼儿园非常淘气，还比较爱招惹别人，连老师都不太喜欢他们。可过了几个月，这两个男孩子明显变了，不仅少去招惹别人，还经常帮助别人。大人们都在夸奖两个孩子，但他们不知道，就在几个月前，这两个男孩子几乎同时做了哥哥——妈妈生了老二，当初，这要付出很大的代价。

因为，他们知道自己已经有了第二角色：兄长。这可是一个天大的责任，从此有人称他们为"哥哥"了，即使那个婴儿还不会叫哥哥，可父母总会提醒他们："这是你的弟弟（妹妹），你是他/她的哥哥……"，这就够了，从此他意识到了自己的行为必须注意，有一部分是为了弟弟或妹妹活着。他们不仅要保护弟弟、妹妹，还要给他们做出模样。

在一定程度上，他们的自我意识会因为弟弟、妹妹的出生而淡化，他们会从过去的"以自我为中心"转化为"以手足关系为中心"——而这，就是团队关系的原始萌芽。

试想，在一个公司，某人如果一切以自我为中心，什么事都强调自己的贡献、成绩，谁会亲近他/她？但如果他/她习惯于让团队分享成绩，说"这是大家努力的结果"，那么谁又不喜欢他/她？而这，就是手足关系的延伸。

但是，在现代都市里，80后或90后，95%为独生子女家庭。那么，对于没有手足关系的独生子女，应该如何培养自己的团队精神呢？

首先，让自己从小就喜欢过团队生活：家长最好每周轮换着请别的小朋友来自己家作客，每次最少不低于3人，最好有男女小朋友。家长不要花钱给他们买许多食物，好像在招待客人，而要让这些小朋友自己过家家，家长什么都不用准备，只是提供场所，不要让孩子感到有什么变化，而是一种生活习惯。

其次，大人们的任务在引导。从研究部门得出的数字：几乎七成到八成的家长希望孩子们有朋友，但有些家长，特别是母亲都会强调"要和学习好的孩子们接触"。然而在孩子眼中，有些学习好的不一定够朋友，有些学习一般的倒很义气。进一步想一想，将来孩子长大后，他们的生活圈子里可不一定都是高材生，如果他们现在就形成了这种分别心，那么将来一旦遇到不那么优秀的同学或同事，自然会加以排斥，那么后果是什么？

因此，家长们不要以自己的好恶去取代孩子的学习，孩子是接纳一切的，如果没有家长的好恶干涉，孩子将来不会有那么多人际关系矛盾。试想，一个皇帝，他是不是不仅要善用人才，同时还要容纳小人？如果他的心里有那么多是非曲直，他又怎么可能管理团队和心胸开阔呢？

独生子女都比较自我，因此家长们要引导他们善于发现别人的优点，即使孩子们看不出来，家长也要有意识地去引导。在孩子眼中，不是好人肯定就是坏人，他们的思维中没有"灰色"，非黑即白。所以家长要给他们讲故事，并说出"秦桧也是个书法家，岳飞有点儿愚忠了"。要让他们看到爸爸有时候也会犯错，妈妈也有不对的时候，家长们要主动通过聊天的方式告诉孩子。但同时要让孩子感到人无完人，也因此孩子也不必一切都好，允许孩子表达所有的真实的情感，最重要的，是家长不要因孩子的真实而发作，而要无条件接纳孩子的一切，包括缺点。这就教会孩子包容，让他们接受了一个不同的世界。

最后，有意识地组建团队。培养基本的团队意识，就算长大成人，他们还会为这一段经历感到回味无穷。家长们要做的，就是提供环境，要让孩子们感到没有脱离集体，大家都是兄弟姐妹。一直到初中，孩子有能力独立学习，那种互助友爱的经验仍然会被他们带入中学，以及将来的高中和大学……，如果比较顺利，将来进入社会，这份经验仍然会起到积极的意义。试想，如果一个年轻人失恋了，或工作中遇到了不如意，他们最好会有一两个知心朋友加以倾诉，而这个朋友会无条件地劝诫他/她。我们现在的成人都有这种经验：最具有说服力的朋友，一般都是老同学或发小。其实他们代替了手足关系来分担我们的焦虑，那么自己就不会感到孤独。

一个人对团体的融入欲望，有时要比学历本身重要得多！特别是将来的社会，如果没有一个大家庭，没有合作伙伴，那么创业成功几乎是不太可能的。因此，培养相互信任的人际关系便显得非常非常重要，就让这些没有长大的孩子们自己实践吧，爱他们的父母们会省事得多，只要提供一个安全的环境——就像一个智慧的老板为他们提供一个发挥才能的公司，在这个大家庭里，孩子们是安全的，是自由的，也是健康的。

在团队中实现自我

人类的社会是一个需要相互依赖，相互支撑的整体，一个人想要在社会中生存与发展就要懂得相互团结。每个人都是一个独立的个体，但只有当个体融入到集体中去的时候，他的存在才有了意义。青少年朋友应该在团队生活中学会团结，因为，相互团结是一种修养，也是一种美德，更是每个人都必须要履行的责任与义务。

有一位科学家曾经做过这样一个试验：把一盘点燃的蚊香放进一个蚁巢，一开始，巢穴中的蚂蚁惊恐万分，四处逃窜。可这样的状态持续了不到半分钟，就有许多蚂蚁自我牺牲般的，纷纷冲向火中，并且还喷射出蚁酸。一只蚂蚁的力量是有限的，但一群蚂蚁的力量却是惊人的。蚂蚁们前赴后继地冲向火中，不到一分钟的工夫，火就被扑灭了。

在经过一个月的时间后，这位科学家又一次把点燃的蜡烛放到原来的那个蚁巢中，进行更深一步的观察。这次在火势更大的情况下，蚂蚁已经不像第一次开始时那么惊慌了。他们吸取了上次的经验迅速做出反应，在彼此的协同下，又奇迹般的在不到一分钟的时间内扑灭了火。

最终，科学家被蚂蚁的行为所折服。其实，蚂蚁这种团结协作抵御灾难的行为完全是出于一种本能。当蚂蚁在遇到野火烧起来的时候，为了逃生，众多蚂蚁迅速聚拢，抱成一团，然后像滚雪球一样飞速滚动，逃离火海。那噼里啪啦的烧焦声，是最外层的蚂蚁用自己的躯体开拓求生之路时的呐喊，是奋不顾身、无怨无悔的呐喊。

当蚂蚁在遇到洪水肆虐的时候，它们会迅速抱成团，随波漂流。蚁球外层的蚂蚁，有些会被波浪打入水中。但只要蚁球能上岸，或能碰到一个大的漂流物，蚂蚁就得救了。不长时间，蚁球就上岸了，它们像岸登陆艇上的战士，一层一层地打开，迅速而井然地一排排冲上堤岸。岸边的水中留下了一团不小的蚁球。那是蚁球里层的英勇牺牲者。它们再也爬不上岸了，但它们的尸体仍然紧紧地抱在一起。那么平静，那么悲壮。

每个人都必须生活在一定的群体和组织当中，为此就免不了要与其他人打交道。很多的事实都告诉我们，当你对他人友善的时候，他人必然也会给你微笑，而当你对他人敌视的时候，他人必然就不愿意与你交往。我们是否可以和团队中的成员友好相处，彼此坦诚相待，在某种程度上决定了你的前途与幸福。一个人的成功有时候是一个团队一起努力结果，而一个优秀的团队不仅仅是靠某个能力与素质都好的人就可以的，其实，一个优秀的团队需要每个人团结一致，而只有在一个团结向上的团队中，你才有可能获得更大的成功。

一个人不管多强大都脆弱的时候，一个人不管多聪明都有糊涂时候，当我们脆弱时，当我们糊涂时，就需要他人关怀与帮助。要想获得他人的关怀与帮助，就需要我们学会如何在团队中与人相处。生活中的无数经验都告诉我们，在一个团队中工作或学习，每个人都需要发挥自己的光与热。当你在团队中帮助他人时，其实也是在帮助自己，当你在团队中鼓励别人的时候，也就是在鼓舞自己，当你为团队中的人解答问题的时候，你自己也获得成长。当青少年朋友在集体中，只要你不只盯着自己的利益，不只享受自己的快乐，你就能享受到团队带给你的幸福与温暖。

家和万事兴

俗语说："家和万事兴"。古人把齐家作为治国平天下的前提，十分注重家庭关系的协调。家庭成员由血缘与姻缘联系在一起，构成人类最自然的社会关系，有着割不断的亲情。家庭和睦，要求家庭成员在自然亲情的基础之上，互爱、互敬、互助。

中国古代有许多和睦家庭的典型，家庭成员之间长期共同生活产生的相互依恋，源于亲缘关系上滋生的深厚的爱，是家庭和睦的情感基础。春秋时鲁国村妇和三国张范舍子救侄，不仅出自对晚辈的眷护，更渗透着手足同胞之情，这种同胞之爱，已经升华为一种崇高的道义。汉代继母女相互救护、梁代王玄绍兄弟代死等，都是不惜以自己的生命去维护、谱写家庭成员间的爱之情。从上面这类事例中，我们可以感受到互爱中所体现的无私的自我

家　庭

牺牲精神。汉代郑均劝谏、孔融让梨、庾衮侍病则表现了兄弟间的互敬、关心与爱护。尤其郑均的故事告诉我们，家庭成员间的尊敬并非绝对服从，更包含着对亲长积极的爱护、真诚的关怀。汉代薛包分财、晋代王览护兄、宋代司马光受教，则把家庭亲爱之情灌注到生活的相互照顾、事业的相互帮助上。总之，和睦家庭不是要求无原则的一团和气，要从根本上协调好家庭关系，必须把亲爱之情化作真诚的关心、爱护与帮助，以私情服从公义。只有这种渗透在互爱、互敬、互助中的骨肉亲情，才能形成家庭成员间的凝聚力，也才能使我们真正享受到不同于其他人际关系的天伦之乐。

与邻为善

邻里是人们居家生活中比屋相连、守望相助的小型自然群体，它对人的成长特别是青少年的成长有着重要的熏陶作用。

因此，古人不仅注意择邻，还非常重视搞好邻里关系，认为"远亲不如近邻"，讲究与邻为善，亲善邻里。处理邻里人际关系时，提倡互敬、互

爱、互助的道德要求。

书中古人在这方面的典型，他们大致可以分为四类：亲善邻里，首先要以仁爱之心对待邻居，搞好团结。晋代朱冲、明代杨翥处理邻里矛盾时不是针锋相对、寸土必争，而是以自己的忍让、大度化解冲突，感化对方，从而达到团结的目的。第二类表现了邻里间相互帮助的美德。清代解善人在家乡遭受自然灾害时，拿出自己的钱财救济贫困的乡邻；酒店老板接济穷书生王筱岚，鼓励他积极进取，使他从颓废中振作起来，终于获得成功；北宋于令仪捉住被生活所迫偶尔"行窃"的邻居之子，没有惩戒或送官，而是在对他进行严肃教育的同时予以慷慨的帮助，把他从堕落的边缘拉了回来。第三类是帮助孤寡，中国自古有"老吾老以及人之老"的美德，唐代著名诗人杜甫善待邻居老妪，当得知自己的亲戚不再给老人提供方便时，便对他进行劝说，使老人生活有靠。清初张姓青年奉养邻居孤寡老妇，多年如一日，视之为自己的母亲。第四类则是当邻居有危难时挺身而出的事例。明代王玉涧暗自出资为邻居送聘礼，成其好事；晋代刘敏元在邻居老翁被强盗捉住时，不顾自己的生命危险，舍己救人。这些事例至今读来仍然十分感人。

总之，亲善邻里是人际关系团结友爱的重要内容之一，它所体现的是相互关心、相互爱护、相互帮助的精神。今天，我们在进行精神文明建设的过程中，更应注意搞好邻里关系，从而为我们的生活造就一个和谐的生活环境，形成良好的社会道德风尚。

同志为朋，同道为友

孔子说："有朋自远方来，不亦说乎！"朋友是对生活有重要影响的人际关系。古人认为，同志为朋，同道为友，十分注重"择友"。"以德交友"，就是以德为标准选择朋友，以德去建立友谊、维持友谊、发展友谊，而反对酒肉朋友、利害之交、钱财之交、势利之交。因此，以德交友是团结友爱的基本原则。健康的团结友爱绝非无原则的一团和气或哥们义气，而是建立在远大志向、高尚情操基础上的相互理解、相互关心、相互帮助。

第一类表现的是在共同抱负、情操基础上建立的友谊。春秋时管仲和鲍叔牙之交，俞伯牙和钟子期的友谊，自古以来就被视为知己与知音的典型。这里的"知己"并非一般的了解，而是在共同抱负与追求上的深层次的理解；"知音"也并非只听得懂高深的音乐，而是在高尚境界的相互理解的基础上产生的情感的共鸣。

第二类表现了以德为择友标准和维持友谊的基本原则的德行。晋代嵇康绝交山涛，汉末管宁割席绝华歆，表现出朋友交往中，当发现对方与自己志不同道不合时，果断地中止友谊的行为，反映了对择友原则与标准的严肃性。南宋朱熹与陆九渊在学术上各有趣旨，相互对立，但他们并未轻视对方，肆意贬低对方的学说，而是以自己的行为体现了在共同探讨真理志向上的相互尊重。清代袁枚，当发现朋友行为有疵时，便耐心、诚恳地劝谏，帮助朋友改正，以维护友谊的纯洁性。

第三类可以称之为革命友谊，章太炎和邹容、谭嗣同和唐才常都是近代民主革命的志士，他们友谊的纽带，是为中华民族振兴、反对封建专制、建立近代民主主义的献身精神。今天，我们要讲团结友爱，更不能搞无原则的一团和气，而应该坚持以德交友，真正在志同道合的基础上建立友谊，互相理解、互相关心、互相帮助。只有这种友谊才牢不可破，才是高尚的友谊。

顾全大局

团结友爱就是要建立和谐的人际关系，良朋益友的深情厚谊是人际和谐的重要体现。但人生的交际绝不仅仅限于朋友，同学、同事、同志之间的往来，也是重要的人际关系和团结友爱的重要内容。它们与朋友既有联系又有区别，处理这些关系的道德原则与规范，同对友谊的要求有所殊异，也不同于一般社会公德。

团结友爱的原则，要求在与人交往的过程中，待以谦让、宽容的态度。当处理与他人的冲突时，只要不是原则性的对立和根本矛盾，就应当不计个人恩怨，服从大局。中国人历来强调"和为贵"。然而，"和"并非无原则的调和、妥协。对于自己的错误及他人的批评，绝不能文过饰非，心生怨恨；对于同学、同事、同志乃至朋友的过失，一方面不能苛刻非难，另一方面又需进行严肃的批评、诚恳的劝谏，帮助他们认识和改正错误，从而在更高层次上建立和谐的关系。此即所谓"进善贵和"，这也就是今天我们所提倡的"从团结的愿望出发，经过批评与自我批评，达到团结的目的"。这样才能相互帮助，共同进步。

古人在这方面作出的榜样，大致可以分为三类。第一类表现了宽容、和善的美德。汉初萧何、曹参本是出生入死的朋友，后因封赏差异导致曹参对萧何的不满，但萧何临终前仍举荐曹参为相。唐代狄仁杰曾得娄师德极力举荐，但狄仁杰却轻视、排挤他，娄师德并未因此而心生怨恨。

第二类是以德报怨。唐代李吉甫曾因陆贽弹劾被贬，陆贽后来又因故被贬为李吉甫的下属，李吉甫捐弃前嫌，礼待陆贽。他们都以自己的宽厚赢得了别人的友谊。

第三类是不计个人恩怨，服从大局。战国时赵国将相和的故事至今仍脍炙人口。蔺相如以大局为重的宽广胸怀，终于感化了廉颇负荆请罪。宋代赵概很佩服欧阳修，后者却经常贬抑他。当欧阳修受诬告时，没人愿意为他申辩，赵概却从大局出发，向皇帝上书陈情。王旦与寇准，也是这样的一对同事。尤其突出的是三国时陆逊受到淳于式的批评，不仅不心生怨恨，而是认真反省，并极力向朝廷举荐淳于式。通过这些故事，我们应当认识到，团结友爱不仅是人际关系的亲善，还是社会安定、个人进步的重要保证。团结就是力量。团结、和善正是中国人民的传统美德。

团队能力——人人为我，我为人人

解决冲突，加强团结

一提起工作，青少年朋友一定觉得很遥远。工作分为广义和狭义。狭义的工作对学生来说，似乎是成年后上班了才叫工作。实际上我们完成的每件事情都可以称之为工作。包括日常学习、参加演出、运动会，这些我们需要参与的事情，都可以说是一种工作。另一方面，我们同学当中，不是每一个都是大学毕业以后才去工作的，有些同学出于各种原因会提前进入社会参加工作。下面，就让我们来向成年人学习工作中解决冲突加强团结的一些技巧吧。

处理冲突有三种基本方式，即强迫型、放任型、共同解决型。

1. 强迫型（权力型）：要强迫别人执行你的方案，你需要有某种权力（奖励或惩罚的权力）。这样做，结果常常使对方怨恨你，很难达到团结的目次。

2. 放任型（允许型）：你屈服于别人，并容忍别人妨碍你的行为。这样做，你可能会怨恨对方，同时你自身的需求也未得到满足，谈不上什么团结。

3. 共同解决型（合作型）：你和对方确认彼此的各种需求，评价各种方案，找出彼此满意的方案。这个方案不需要什么奖励或惩罚的权力，也不会导致怨恨心理的产生。这样才有利于团结共进。

强迫型的解决方式

小王在走廊里就听到了他办公室里的电话铃声。等他把门打开的时候，铃声已经不响了。"小丽到哪里去了？"他咕哝着。小丽应该在 1 点钟回来的，现在都 1:30 了。这种事已经不是第一次了。假如在办公时间里没有人来接电话，他这公司还怎么开下去呢？

"小丽，有个问题我想和你谈谈。我今天下午 1:25 到办公室的时候，你不在，电话铃在响。办公时间没人接电话，我很担忧。我担心会丢掉做生意的机会或者惹恼我们的客户。"

小丽自我辩护性的反应："如果有重要的事情，他们会再打来的。再说我平时都在一点的时候回来的。但今天我吃午饭时遇到一个朋友，说了一会话。"

这是事情的起因，我们先鉴别一下需求发生冲突的情况。如果小丽说出以下这样的话，那就表示双方的需求发生了冲突。

"小王，我知道按时到岗很重要，以后我将努力那样做。但是明天恐怕不行，我约好了要去裁缝那里取为我改做的新衣服，而衣服要到 1 点钟才可能改好。由于裁缝店在城市另一边，我明天不可能在 1 点 20 分以前赶回办公室。"

现在让我们看一下小王对此可能的反应和选择方案。

当你的需求和别人的需求发生冲突时，你可能会强迫别人执行你的方案以满足你的需求。例如，小王可能会对小丽使用强迫型沟通方式，可能是这样说：

"你的衣服是你自己的事，我可不管。我只要求你必须在午餐后 1 点钟回来，如果你不想丢掉这份工作的话。"

假如你想处理好人际关系，最好别使用这样的方法。但遗憾的是，这种处理冲突的方法在当今社会里很盛行。如果说你的许多社交技巧主要是通过观察别人学到的，那你就可能还学会了这种独裁的、损人利己的方法。

一般来说，要强迫别人做他们不愿干的事或禁止做他们想干的事，你就需要有某种能支配他们的权力。这并不意味着你必须有某种法定的支配他们的权力。假如一个人认为你能够奖励你喜欢的行为或惩罚你不喜欢的行为，你对那个人就有几分支配的权力。这种奖励或惩罚并不一定要明讲，但可以通过你说话的语气和神态，使对方意识到。对方想象中的奖励也许就是你的几句简单的夸奖。当然你也可以向对方明讲你有怎样奖励和怎样惩罚他的权力。

强迫的后果

一般来说，强迫型方法只能作为最后的一着。现在，我们来仔细研究一下使用这种方法的各种后果。

要完全懂得使用这种强迫型方法可能造成的后果，最好的办法是设身处地地想一想，比如想一想以前你是否有过那种被别人强迫干违背你意愿的事的经历。回忆起了一个特定的事例后，就请回答以下几个问题：

1. 当时你有什么感觉？
2. 你当时是怎么做的，以及你做那件事的态度怎样？
3. 这件事对你和那个强迫你的人的关系有什么影响？
4. 你是怎样向其他人描述这件事的？
5. 那个强迫你的人在多大程度上意识到了前四个问题所说的后果？

你所选择的事件不同，你对这5个问题的回答也就不同。然而从很多不同的人对这些问题的回答来看，却有很多相似之处。下面的结果就是我在各种讲习会上倾听并收集了数百人对这些问题的回答以后总结出来的。

你当时有什么感觉？大多数人回答说自己对那个强迫自己干不情愿的事的人有一种怨恨的感觉。人们回答这个问题时常用的词语是：怨恨、敌对、愤怒、报复、恼怒、讨厌、反叛以及感觉不快。

如果某人对你有怨恨的心理或感到你伤害了他的话，你要想和他搞好关系就很困难了。要想成功地与人们相处，你就必须采用那些不致使别人对你产生怨恨的办法。

你当时是怎么做的，以及你对做那件事的态度怎样？对这个问题的回答很不一致，主要有以下几种：

"我按所命令的方式做了，但我很不情愿，也没好好干。"

"我做了，但我使他不能得到预期的结果，以证明他是错了。"

"我表面上服从，但实际上什么也不干。"

"我按所命令的方式做了，但以后以另外的方式进行了报复。"

"我拒绝做，我感到有一种反叛的心理。"

这些反应不但会妨碍双方的关系，而且以后还会给双方带来一些问题。对此问题几乎没有肯定的回答，比如：

"我按所要求的做了。在做的同时，我懂得了为什么要求我这样做。这件事赢得了我对他的尊重。"

这件事对双方的关系有什么影响？大多数人认为对双方的关系有不良的影响，只是对"双方关系影响的强度大小与时间长短"这一问题的回答很不一致。下面是几种常见的回答。

"我觉得他一点都不考虑我，我开始讨厌他了。"

"我尽可能地避免碰到他，尽可能地不和他呆在一块，我真是太厌恶他了。"

"由于这是一个不寻常事件，所以我很快原谅了他，我们的关系又恢复如初。"

"我和他断绝了关系，从此以后，除了不能避免的场合外，我再也没和他讲话。"

你是怎样把这件事告诉其他人的？假如一个人处于另一个人的很大的支配权力之下，一般来说他不太会拒绝做被强迫的事。比如当一个雇员的上司命令他干某件事时，这个雇员由于害怕会丢掉工作或担心档案里被写上一笔，往往会没有异议地服从。但是，他可能会对此有强烈的看法，这将促使他向其他人诉说他所遭遇到的不公正的待遇。在描述这件事的时候，由于他对雇主感到气愤，他往往会说自己的好话，而把那个雇主骂得一无是处，促使别人也讨厌雇主。

那个强迫你的人在多大程度上意识到了前四个问题所说的后果？强迫别人干事的人通常只注意当时他在场时对方说了些什么或干了些什么。有个车间主任使用了这种强迫型方法并认为他成功地解决了自己的问题。他向别人传授经验时说："你以一种命令的语气和神态对人们讲话，人们服从了，这就是解决问题的办法嘛。"但一段时间后，他抱怨他手下的工人懒惰、愚蠢、没有积极性甚至经常制造些麻烦。他完全未意识到他解决问题的方式与工人对他的看法之间有着某种联系。

大多数人回答说强迫他们的人只意识到了各种后果中的一小部分，而那些未意识到的部分也许就是最危险的部分。

所以这种方法起初看起来好像是一种以牺牲别人需求来使自身需求得到满足的方法（你赔我赚法），到头来很可能会既损害了别人的需求，又使你失去了对方对你的信任和尊重（你赔我赔法）。假如你让人们失去什么的话，你就不太可能成功地与他们相处，从长远看你将失去他们。

然而，这种强迫型方法是如此盛行，使用起来是如此简便，以至于人们根本就未意识到、也根本未去想过可能会产生怎样的后果：

当阿梅去进行矫正牙齿后的复查时，她心情很忧郁。上个月卫医生用钢丝把她的牙齿固定得太紧了，这使得她整夜无法入睡，因此她想请卫医生给她弄松一点。

"噢，这没什么关系，"医生肯定地说，"你是个坚强的姑娘，疼是肯定的，你会慢慢适应的。我们双方都希望钢丝能尽快取下，对吧？现在就请张大嘴。"

阿梅确实想做个坚强的姑娘，所以也就没再说什么。但那天晚上她又整夜难眠、痛苦不堪。她觉得自己被医生欺骗了，因为他说她会慢慢适应的。一想到他丝毫不考虑她的痛苦，她就感到怒火冲天。她不能让他这样任意摆弄她，她甚至忘掉了下一次的复查，不但对卫医生，而且对医务人员都感到恨之入骨。她告诉她学校里所有的朋友她遇到了一个多么劣等的正牙医师以及多么折磨人的诊所。虽然卫医生以为自己是个温和而又坚定的医生，结果完全没有料到自己随口说出的几句话会导致这样的后果。

为了防止强迫型方法的各种不利后果，我们在处理问题时就须格外小心。当你提议一个方案时，要特别留意两点：一是此方案是否对双方都完全适合；二是对方是否在需求未得到满足时迫于压力接受了你的提议。如果你发现对方对你的方案并不十分满意，你最好转而采用跟从和反馈的技巧，倾听对方有什么需要，然后再用共同解决问题的技巧来找到双方都满意的方案。

　　这种方法就是容忍并听任对方继续那种妨碍你的行为。假如小丽想将她的午餐时间延长至1点20分，而小王让步的话，他的反应也许是耸耸肩、摇摇头，然后嘟哝道："唉，无所谓，我只是希望我们不要没人来接顾客打来的电话。"小王过后可能会感到不快甚至怨恨小丽，而小丽可能会感到有一种过失感，吃午餐时总觉得时间过紧，有一种压迫感，而这会导致她怨恨小王。

　　当然，放任型有时也可能是处理某个事件的最好办法。比如在对方的需求比你自己的需求更重要、更急迫或找不到一个好办法的情况下，你还不如接受现状，听之任之。但是应注意的是，放任型可能会带来很多麻烦。这种方法除了未解决你原来的问题外，还可能使你怨恨对方。要知道，你对别人有怨恨心理与别人对你有怨恨心理是同样危险的，它们会妨碍双方的关系。一旦这情况发生，你再想搞好彼此间关系就很难了。

　　放任型还有一个潜在的危险，就是如果你明显地不坚持自己的观点，你的威信会下降。实际上，如果你老是听从别人的摆布，别人就会看不起你。

　　假如小王允许小丽延长午餐时间使得电话没人接而影响了他的生意时，他就会迁怒于小丽。

　　假如卫医生后来把阿梅牙齿上的钢丝稍微弄松一点的话，她可能就会是他的诊所的老主顾，一有不舒服的地方就会去卫办公室找他。

　　假如某个工厂的车间主任或经理总是采用放任型的办法，整个工厂将变得一片混乱。如果组织的需求未得到满足，这个组织就会遭受损失。长此以往，职工也会遭殃。所以采用"我赔你赚"的方法，结果会使双方都赔。

　　人们常常不是用强迫型方法就是用放任型方法来解决冲突问题。他们要么把自己的意愿强加于别人，要么很不情愿地接受现状。这样，事情以需求发生冲突而开始，以人际滋生冲突而告终。实际上，还有另外一种方法可用来处理冲突，那就是最终将使双方都满意的共同解决问题的方法。

共同问题的解决

使用这个技巧不仅可使你自己的问题得到解决，使冲突变为合作，而且还会增进你和对方的关系。有效的共同解决问题的方法有六个步骤：

1. 弄清各方究竟有什么需求。
2. 寻找各种可能的解决方案。
3. 根据各方的需求评价各种方案。
4. 找出一个双方都满意的方案。
5. 计划和执行此方案。
6. 对结果进行评价。

在你按照这六个步骤来解决问题前，你还需完成两个步骤：一是通过沟通，确定这是个什么样的问题，二是征求对方的意见，使对方同意通过协商解决问题。

表明你自己的需求

各种冲突的需求通常是通过技巧得以确定的。一般应在共同解决问题的技巧之前使用，它主要包括两个部分——让别人了解你的需求以及了解与你的需求冲突的对方的需求。

例如小王告诉小丽如果她午餐后过迟地回到办公室也许就会使一些顾客打来的电话没人接，这句话就意味着小王的需求是"不要漏掉顾客的电话"。

在你使用共同解决问题的方法前，你必须确保对方已完全懂得了为什么他的行为与你的某个需求发生了冲突。你刚开始表明你的问题时，对方可能会出现一些情绪或者会有为他自己辩护的举动，而这会妨碍对方理解你的需求。遇到这种情况，你就最好转换一下，采用倾听与反馈的技巧去倾听对方的诉说。

对方诉说完后，他的情绪变得平稳了，感到你理解他了，他就会反过来认真倾听和理解你的需求。这时你就可以较仔细地描述你的需求了。这个步骤一直要进行到对方完全理解了你的需求并在某种程度上表示了他对此的关心为止。只有这时你才能说对方已承认自己的行为确实妨碍了你。

如果小丽说："我现在明白了为什么在 1 点钟前回到办公室对你非常重要"，这就表示她已开始对小王的问题关心起来了。

对方可以通过很多方式来表达他的态度。有时通过他说话的语气、面部表情、叹息或非语言的沟通方式你就可以猜到对方对自己的行为妨碍了别人感到不高兴。他可能会这么说：

"哦，我懂了为什么那个妨碍了你……"

"我很抱歉，不过……"

"我真想帮你忙，不过……"

一旦自己的行为妨碍了别人，人们通常的反应是感到不高兴，因为人们一般都不愿给别人制造麻烦，但他可能以一种为自己辩护的或粗暴的方式来表达心中的不愉快。例如：

"我没办法。"

"我没法使你满意。"

"我已竭尽全力。"

遇到这类情况，你要用反馈的方式来反应：

"你并不想给别人带来麻烦。"

"你在做你认为最好的事。"

"哦，你在做你必须做的。"

很多人会很快从最初的感觉，如过失感、忧虑、踌躇、担心、害怕转变为次生的感觉，如愤怒、怨恨、恼怒等。

这个时候，他们变得粗暴，老是替自己开脱。对别人横加指责。假如你记住在这种敌对反应的后面是最初的感觉，如担忧、过失感，你就能比较容易地做到耐心，并能满怀信心地使用倾听和反馈的技巧来使对方触及到他的最初的感觉。最初的感觉比起次生的感觉来说能使双方更有建设性地进行协商，所以最好避免产生次生的感觉。

理解别人的需求

你理解别人的需求和别人理解你的需求同样重要。这个步骤常常是你采用建设性态度期间转换为倾听别人的诉说时开始的。在倾听过程中你观察到的对方情绪或为自己开脱的种种辩护，可能并不代表他的有形需要。只有通过有效地运用倾听和反馈的技巧你才可能了解他的有形需求。如果你专心致志地倾听对方说话，尊重和理解对方的感情，对方的辩护、抵触心理就会慢慢消失，这样他的有形需求就容易了解了。值得注意的是单单靠倾听和反馈是不能消除对方的需求的。

在你确定与你的问题相关的对方的需求时，向对方表示一下你对他的需求的关心和理解是很重要的。日常生活中，许多人常常喜欢贬低别人的需求。然而在使用共同解决问题的方法时，完全不用担心这一点。如果你表示了对别人需求的关心和理解，而不是贬低别人的需求，你就能最终找到一个使你自己的需求也得到满足的方案。

有时别人会夸大自己的需求，如果你未加评论地接受他所说的，这反而会使他觉得没有必要为自己夸大的需求进行辩护。这样你就能比较容易地使他重新调整自己优先考虑的需求或使他更诚实地描述自己的需求。

在下面的对话中，乙以典型的批驳方式来对待甲的夸大，结果引起了甲的抵触：

甲："这项工作至少要干一个星期才能完成。"

乙："简直荒谬！这不可能干那么久。"

甲："乙，这你就不懂了。要知道需要把每个部分都拆开、清理和检验。这简直不可能在一周内完成，实际上可能需要干得更久。"

假如乙以反馈的方式来对待甲的夸大，甲也许就会觉得没必要如此夸大。这将使他变得更加客观，对话也就可能像这样进行下去。

甲："这项工作至少要干一个星期才能完成。"

乙："哦，这一定是一个量很大的工作。"

甲："对，你知道每样东西都得拆开，而这要花两天时间。"

乙："哦，把它拆开就是一个很花时间的工作。"

甲："对，很花时间。假如不遇到什么麻烦的话，我可以争取在一天之内完成，但这至少也得十几个小时。拆开后要对每部分进行检查，然后进行复原，而这需要干一至两天。"

乙："哦，拆开以后还有一至两天的活。"

甲："对，假如遇到麻烦的话就会需要那么长时间。幸运的话，不到一天即可干完。然后要把它再组装起来，这需要几个小时。这样，在不遇到困难的情况下我在两至三天内可完成这项工作。"

由于乙表示了对甲的工作的尊敬和理解，甲就觉得没必要为自己辩护以证明起初所说的话了，他也许会重新考虑他原来的工作。乙也就可以趁机解释自己的需求与问题了。

同意共同解决问题

在双方都理解了并对彼此的需求表示了关注以后。你就可以邀请对方来一道解决问题了，这是一个既短暂又简单的步骤，往往可能只需说一句话即可。比如：

"让我们共同来寻找一个能满足我们双方需求的解决方案好吗？"

在这个步骤中，最好强调一下你是想寻找一个对双方都满意的方案，你要使对方清楚所找到的方案既满足你的需求，也满足他的需求。

共同解决问题的实例

对方同意来解决这个问题后，你就可以按共同解决问题的六个步骤来进行工作了。有时执行这六个步骤是很简便、容易的。让我们来看看小王是如何运用共同解决问题的技巧来解决他的难题的。

小王强调一下双方的需求（步骤1）同时邀请小丽一道来解决问题：

"让我们想想是否能找到一个办法，既能使你取到你的衣服，又能在办公时间里使办公室里有人接电话，好吗？"小丽点头表示同意。

现在小王开始寻找各种可能的方案（步骤2）：

"这一定有很多办法。让我们尽可能地多想一些方案，然后再从中挑选一个对彼此最适合的方案。你想出了什么办法吗?"

小丽一旦决定了什么事就不习惯创造性地找出其他办法了。她回答说:

"哦，没有。裁缝店在我下班的时候已经关门了，这样当天就取不到衣服了。所以我想我只能在午间休息时间去那里。"

于是，小王告诉小丽他想的一些方案:

"一个方案就是上午上班上了一半时间后你去取衣服。由我到办公室来等电话;或者你也可以早一点下班，由我来接电话，另一个方案就是或许我可以将我1点钟约会的地点改在办公室。"

小丽也开始像这样寻找新的可能的方案:

"裁缝店也许有送货上门的业务。或者，如果他们把衣服放在他们隔壁的洗衣店的话，我下班后顺道就可取走。我回家路上刚好要经过那里。"

小王邀请小丽评价各种想出的方案（步骤3）:

"噢，可能的解决办法真多啊，你觉得哪个比较适合呢?"

小丽评价了各方案（步骤3）并提出了一个办法（步骤4）:

"哦，有好几个方案都比较适合我，我觉得我最好还是在回家路上顺便把衣服取走，这样既可省去来回跑的麻烦，又使我不用急匆匆地吃午餐。我一会给裁缝店打个电话，问是否可以把改好的衣服放在洗衣店里，我想这是可能的，因为洗衣店里好像挂了一个裁缝店的招牌，这两个店好像有业务联系。假如不可以的话，我再问问他们什么时候关门。我或许没有必要为了赶到那里取衣服而提前几分钟下班。"

由于小丽已评估了各种备选方案并从中挑选了一个，因此如果小王对那个方案也满意的话，他就可以点头表示赞同（步骤4），同时确定怎样执行（步骤5）。他也可以说一句赞美的话:

"你放心，我保证你能在明天取到衣服。你刚才所说的方案我很满意。假如你需要提前下班的话请告诉我，由我来办公室守电话。你找到了一个我们双方都很满意的方案，我非常感谢你。"小王仍留有余地，以便在共同确定的方案遇到困难后大家还能继续讨论此问题。

"假如说你觉得这个方案有什么困难的话，请随时告诉我，我们可再想想别的办法。"

在这个例子中，小王和小丽找到了一个能满足双方需求的方案。小王对小丽的愿望表示了尊重和关心，同时又强调了在办公时间里要有人接电话的重要性，这样他就使两人的关系得到了增进。同时他使小丽获得了一次以合作的、创造性的方式来解决问题的经历，这对小丽来说是一个很大的收获。

沟通的过程

小王和小丽的问题是很简单的，所以在共同解决问题的过程中他们很快从一个步骤移到另一步骤。然而有些问题是很复杂、很困难的，它需要使用更多的技巧、需要花更多的时间才能圆满地加以解决。下面就让我们详细阐述一下共同解决问题过程中的各个具体步骤并探索一下有效使用这个技巧的关键。

1. 弄清各方的需求

理解和接受别人的需求。如果某人说他想得到什么东西，那么这个东西就是他的需求。有时当别人谈到需要什么东西时，你可能会觉得他所需要的对你来说一点都不重要，此时你最好承认对方的那个需求对他本人来说很重要。你大可不必与对方争论他的需求是否有价值、是否重要。对于你来说最重要的是要了解对方到底有什么需求、到底在想什么。有时通过共同问题的解决，你也许仍无法找到一个满意的方案。假如你发现失败的原因在于对方的需求太具体化或太不现实，此时你就大有必要对他的需求作一番研究了，研究一下他未表露出来的、更深一层的需求到底是什么。

确定不直接发生冲突的需求。假如小王说他的要求是要小丽在午餐后1点钟回来，而小丽说她的需求是要将午餐时间延长至1点20分，这时他们就处于僵局之中了，因为他们各自的需求发生了直接的冲突。碰到这种情况时，要研究一下双方更深一层的需求是什么，也许在更深一层的需求层次上，双方就没有直接的冲突了。低一层次需求的满足往往是为能使高一层次的需求得到满足。比如小王要小丽在一点钟前回到办公室，是因为他想使办公时间里打来的电话都有人接，而使电话有人接这一需求又是为了能满足更高一层的需求，即随时能为顾客服务，使顾客满意。这一愿望又是为了他最终在事业上成功。所以，需求存在着等级。

当你问对方："你为什么需要那个呢?"你就会探知出对方高一层的需求。一直这样问下去，你最终会接触到人类最根本的一些需求。马斯洛把人类的需求分为五个层次，即生理需要、安全需要、归属和爱的需要、尊重的需要以及自我实现的需要。

当对方提出他的需求，你没有必要一直问下去。只有当你观察到的对方的需求很难满足或与自身的需求发生明显的冲突时，你这样追问下去才会对你有好处。

弄清与问题相关的各种需求将是一个很长的、相当困难的、同时又是极其重要的过程。当你对问题本身还弄不清时，就根本谈不上要解决问题了。如果你能明了各自的需求，你就不但能充分理解所遇到的问题，而且你也知道了你的目标是什么和你应该干什么。

由于采用建设性态度的技巧往往在共同解决问题前已经使用了，所以在确定了各自的需求后，你只需再陈述一遍那些需求。在陈述时，你也许觉得有必要对需求做进一步的澄清。

遇到复杂或困难的问题，记下各自的需求对你将很有用。把这个记录放在方便的地方，使你随时能够参考。有些对方未提到的但与问题有关的需求，经你询问后，如果对方承认的话，可以把这种需求添加在记录里。

对双方共同的需求加以强调。这将创造一种合作的气氛，使双方能更快地解决问题。

2. 寻找各种可能的解决方案

想出的方案越多，你就越有可能找到一个双方感到满意的方案。在现实生活中，人们往往选定第一个想出的方案。实际上，如果继续进行创造性的思维，一个更好的方案是完全可能找到的。创造性思维会给你带来令人惊讶和欢欣的硕果。

这种思维促使人们想出尽可能多的方案。在这一过程中，不要管所想出的点子是否可行，也不要进行评价（正面的或反面的）。一个方案提出

· 41 ·

后，马上记在纸上，并让每个有关的人都能看见。一个方案想出后，往往会促使相关的方案被发现。有时一个荒谬的点子会使人们想出一个很好的方案。这个过程是一个进行得很快的、有创造性的、充满乐趣的过程。如果有好几个人一道进行创造性思维，效果最好。对于两个人很有用，甚至也适用于一个人。

在提方案时，避免评价是相当重要的。一个方案提出后，人们往往会对此评论一番，这对于整个进程是不利的。假如你挑剔对方的方案，对方可能就不愿再想什么方案了，也可能为自己的方案进行辩护，这就使你离开了这一步骤，同时气氛就变成了争论、辩护而不是合作了。

假如你以一种赞赏的方式来评论一个方案，你就会发现自己越来越倾向于这个方案，而这会妨碍你考虑别的方案，同时对一个方案的赞赏往往会使你忽视其他那些评价不高的方案。最好别作什么评论，除非这种评论采取一种中性的方式。比如，"这是我们想出的又一个方案，还有什么方案吗？"

即使你未对方案进行评价，你可能会发现对方有评价的习惯，为了避免对方评论，你可说：

"让我们看看能想出多少种方案，在这一过程中，大家都不作任何评论。到了最后，我们才从中挑选出几个方案，然后评价一下它们各自的优缺点，好吗？"

千万注意，在实行这一步骤时不要讲下面这样的话，否则会引导对方进行评价的：

"这个方案你觉得怎么样？"

"你认为我们能……吗？"

"这个方案能行吗？"

要防止对方评论，你可这么说：

"一个可能性是……"

"另一个备选方案是……"

"我们可以多动一下脑筋……"

邀请对方多想一些方案时，可这么说：

"我们还能做别的什么吗？"

为了防止这个步骤结束得太早，事先确立一个目标将是有益的。你可以这么说：

"让我们看看是否能想出至少十个方案，然后我们再仔细研究各方案。"

或者"我们看看五分钟之内，一共可想出多少种方案，然后再对其进行评价。"

创造性思维是这一步骤成功的必要条件。假如自己处于困境，重新明确一下各种需求，以帮助你把焦点对准自己的目标。把一些明显不现实的方案也包括进来，可能是会有帮助的。假如你让自己的思想自由地、无约束地翱翔，你最后会为自己想出的这么多不周形式的方案而感到诧异。

3. 根据各方需求评价各方案

想出足够多的方案后，你就可以对你认为合适的方案进行评价了。你完全没必要对提出的所有方案逐一评价，你可先划掉那些双方都不满意的方案，然后再着重研究剩下的方案。另一个可行的办法就是仅考虑双方最喜欢的方案，对别的方案可以不管，但不要完全忽略它们，因为它们会提醒你还有备选解决问题的办法。

在评价时，要清楚地阐述自己的意见、自己的爱好等等，要使用倾听和反馈的技巧去倾听和理解对方的评价。你要充分表达自己的观点，要理解对方的观点，而不要拼命去说服对方同意你所喜欢的方案。

必要时，可以回到以前的步骤去，在考虑一些方案时，你可能会发现对方还有一些你以前未观察到的需求，此时你就要回到第一步，认真地了解对方需求。在进行第三个步骤时，你可能会发现，还有一些备选方案，此时你要回到第二步，把这些方案添到你的单子上。

假如所有的方案都不满意，回到第一步去确定一下各自更高一层的需求，或者回到第二步，以寻找更多的方案。你也可请个人来给你出点子。在第二步骤中，我们已知道人越多就越可能发现更好的方案。人们往往很喜欢步骤2，特别是所讨论的问题不是他们自己的问题时，他们越有可能给你出好主意。

在共同解决问题的过程中，如果有必要回到以前的步骤去，不要犹豫，但切记不要过早地转移到下一步骤。通常从步骤3转移到步骤4是很自然的，但要注意这种转移不要进行得太快。

4. 找出一个双方都满意的方案

当你认为你已找到了一个双方都满意的方案时，你要对这个方案再次明确并征求对方的意见。假如对方的言辞或非语言的动作暗示着他并不完全满意时，你要转换为倾听和反馈，从而找到他不满意的地方。然后你再回到前面的某个步骤，如此进行下去，直到找到一个双方完全满意的方案为止。

要找到一个双方都满意的方案似乎太理想化了，也许并不现实。然而，假如你遵循共同解决问题的方法，对方是愿意找到一个你满意的方案的。由于双方都想找到使对方满意的方案，那么成功的概率就比较大了。

一旦你找到了一个双方满意的方案，最好重新清楚地复述一遍那个方案以确保双方的理解是相同的。在某些场合里把方案书写下来也许更好。

5. 计划和执行方案

我们心里不但要清楚到底决定了哪个方案，而是要清楚怎样执行这个方案。我们要问几个问题：是谁来做？什么时候？在哪里？怎样做？

回答了这些问题以后，把答案清楚地复述一遍以确保双方都清楚方案将怎么执行。

你参加过那种只说不干的会议吗？会议结束时大家都对作出的决定感到很满意，可下一次开会时却发现根本就没有采取什么行动来执行那个决定。当步骤 5 被省略掉时，这种情况就很可能发生。

假如你和对方对某个方案都很满意，那么你们两人很可能都想参加到执行那个方案的过程中去。假如对方主动提出要参加方案的执行，你可对此表示赞赏。

一旦你同意了某个行动方案，你就应该守信。假如发生了未预料到的事，阻碍了你执行方案，你应尽快通知对方。假如在同意某个方案以后，你发现自己对它不太满意，此时要尽可能快地把你的情况告诉对方。假如你坦率、真诚、现实而又善于理解人，对方就可能以同样的方式来对待你；假如对方并没有执行他的诺言，你要以坦率、诚挚的方式鼓励他谈论这个问题。通过倾听和反馈，通过你的耐心和对对方的理解，你是可以做到这一点的。如果你想使对方清楚你的需求以及他不执行方案对你已经造成或可能造成的问题，你可采用建设性交谈的技巧来做到这一点。这意味着你要用一个新的建设性交谈语句来开始，然后再次共同解决问题。假如你们的行动方案的某些方面涉及一些你们不能完全控制的因素，此时你们也许需要再制定一个备选方案。比如，假如你们两个人决定要去请求某个人做什么事时，你们当你们的解决方案很复杂或要花很长的时间时，把怎么执行的步骤写下来了对你们将会很有帮助的。在这种情况下，也许采用脚踏实地、慢慢干的方法更加妥当。

在共同解决问题这个方法的最后阶段，强调一下双方都对选定的方法感到满意是很重要的。这意味着一旦执行过程中发现有什么不满意的地方，双方可随时重新协商。你要避免说这样的话：

"既然你同意了，我希望不管发生了什么你都能信守诺言。"

你可以这样说：

"让我们来执行双方都同意的方案吧！假如我们当中有谁发现了有什么问题，或这个方案不可行，我们可以再来研究一下，看看有没有别的方案可以采用。"

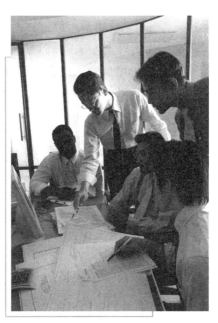

沟　通

你可以事先确定一个怎样评价执行结果的方法及什么时候进行评价。你也可以在以后不定期地与对方检查一下执行的结果。你应对结果进行评价。

当你使用这个方法时，你极有可能找到一个相当好的解决你的问题的方案。同时，由于双方都进行了创造性思维，方案是双方选出来的，这会促使对方执行它，而无需你强迫对方去执行了。

共同解决问题的方法不会导致怨恨心理的产生。通过这个共同协商的过程，双方对彼此的需求都更加了解了，这会促使双方感情上更加接近，从而增进双方的友谊和关系。

在你使用这个方法的过程中，你和对方都提高了解决问题的能力。当对方是你的雇员时，这个方法对你来说尤为重要了，要使你的雇员学会怎样与人打交道，一个最容易的方法就是言传身教。当你与他们交往时，他们不仅会观察到你使用的人际技巧，而且还会假定你要求他们与其他人打交道时也像你这么做。然而，假如你的人际技巧不好的话，你的这些不好的技巧也很容易为雇员们所模仿，而你甚至可能不会意识到。

共同解决问题隐含着三个有助于搞好人际关系的意思：

1. "我关心你的需求，希望找到一个你满意的解决方案。"

2. "我关心自己的需求，必须找到一个我能接受的解决方案。"

3. "需求发生冲突并不一定是件坏事，通过合作的办法我们完全能够解决问题而且我们还能增进彼此的关系。"

不成熟处理办法的危险

当人们意识到需求发生了冲突时，他们往往在未与对方商议的情况下就决定该怎么解决问题了。即使他们的目标仍是去找到一个各方都满意的解决方案，但遗憾的是，整个过程实际上只有两步：

1. 当某个人意识到一种潜在的冲突时，他独自决定该怎么解决。

2. 他劝说对方同意他的解决方案。

这种方法和强迫型方法是类似的，不同之处在于前者是问题的解决者企图说服对方，而后者是问题的解决者利用权力迫使对方服从。使用这种方法的人想法是好的，但采用的步骤太少了，不足以解决问题。当你并不特别注意别人的需求时，你独自提出的方案就不太可能使对方感到很满意。那个解决方案对你来说也许是明显不过的，但并不一定就是最可行的或最持久的。对方可能会极不情愿地同意了你的方案，但驱使他执行方案、并使方案奏效的动力就减少了。结果你可能发现你以后会不断地遇到和解决同样的问题。

一个人一旦打定主意该怎么办后，要他再去考虑别的方案就困难了。他会把整个身心都集中于劝说或强迫对方同意他的方案上。假如你不知道最好的解决办法，使用共同解决问题的方法就相对容易一些。实际上，只要你不偏心于某个方案，只要你愿意考虑别的方案，任何主意都是有用的。

另一方面，当问题比较简单，解决办法对你来说比较明显时，为了节省时间，你可以通过直接建议某个方案而达到解决问题的目的。这样做时使用条件赞赏语句描述这个方案、解释这个方案不但能满足你的需求，而且能满足他的需求，然后告诉他你对此的感觉。在这以后你再转换为倾听和反馈，而且做好充分的准备，一旦对方对你的方案不很满意，就转而使用共同解决问题的方法。

团体性的共同问题的解决

在涉及两人以上的情况下共同解决问题的方法同样十分有效。人数很多时，经过适当的调整以后，这个方法照样可以运用。

谁来参加解决问题？

当问题涉及两人以上时，谁来参加解决问题是首先应当考虑的。为了决定人选，你可以问三个问题：

1. 谁拥有所需要的做出好决策的信息？
2. 为了执行各方同意的决策，使之奏效，应该激励谁？
3. 谁能够使共同解决问题的过程顺利进行？

一个经验就是把能够找到好的方案，并使之在实践中奏效的所有必要的人都包括进来，对于不必要的人就不要包括进来了。

在大团体内运用共同解决问题的方法前，你要把那么多人包括进来参加决策可能花费的时间与可能得到的好处作一下比较。让每个人都参加所有的六个步骤，是不必要的。一个或几个步骤可以由多一点的人参加，但以后的步骤可以由少一点的人来执行。当人很多时，整个过程就需要一些沟通的工具，如备忘录，意见箱、新闻短讯、公告牌、个人计算机和选派代表等等。同每一个有关的人确定通过什么程序来作出决定是很重要的。下面我们举一个现实生活中的例子：

运用共同解决问题的方法来制订休假制度

当人事经理听说许多雇员都对公司的休假制度感到不满意时，他决定运用共同解决问题的方法来找到一个尽可能使更多人满意的休假方案。

首先，他找了几个他知道对休假制度不满的人交谈。他运用倾听和反馈的技巧来倾听他们的意见，并把他们的抱怨都记录下来。他鼓励他们提出自己的需求（步骤1）。

比如一个雇员抱怨说他没有预订到他家人最喜爱的海滨的房间，因为在他知道他的休假时间安排前，别人已经预订了。经理于是把那个雇员的需求记录下来，那个雇员的需求是"能够尽快地知道休假时间以保证预订到最好的房间"。经理同时把他们各自需要的休假时间都记录了下来。

随后，经理找了一些在制定雇员休假安排方面特别拖拉的经理交谈，并把他们拖拉的原因（他们的需求）记录下来。

当他认为他已调查了休假安排方面的各个环节后，经理就把包括各方需求的备忘录分发下去。他要求所有的雇员和经理人员把尚未列入备忘录的需求告诉他，同时邀请大家把他们认为可能使各方满意的方案写下来交给他（步骤2）。

再次，经理邀请了一些有兴趣的雇员和经理组成了一个委员会来评价所有的方案（步骤3），并找出他们认为是最满意的解决方案。为了保证能照顾到各方的利益，他从不同的管理层次以及不同的部门中挑选人员来组成委员会。委员会中的每一个人都有一份备忘录，上面记录了各方的需求

（包括上层管理人员的需求）以及人们想出来的各种方案。

委员会将最后决定的方案送给上级批准（步骤4），然后交给有关机构执行（步骤5）。

新的休假制度执行了几个月后，经理调查了管理人员和工人，以检查这个新的制度到底怎么样（步骤6）。调查以后他再次召集了委员会的成员，以讨论是否要做一些小的改动。然后他又把委员们的建议递交上级部门批准。如果获得了批准，便交给有关机构执行。

解决组织内的政策问题

当组织内人们之间的需求发生冲突时，通常人们解决问题的自由度是很有限的，因为可能要涉及组织的某项政策或制度。当高一级权力机关的某项政策或条款与你解决你的问题的方案发生冲突时，你此时有四种基本的选择办法：

1. 服从政策或制度的有关规定。

2. 你想通过合法的手段来改变组织的政策或制度。

3. 你不服从政策的有关规定，因而要冒风险。

4. 为了不受那项政策或制度的制约，你离开了原部门、原组织，甚至那个国家。

改变政策。你可以使用共同解决问题的方法来改变组织的政策。整个过程与经理改变他的公司的休假制度的过程可能是类似的。当你在公司是处于中等或下层地位时，你应怎样处理在公司内遇到的问题呢？下面提出一些建议，其中包括得到允许来研究那个问题，然后使用共同解决问题的六个步骤来解决问题。

首先，你要确定问题，得到研究那个问题的许可。你可能要与其他人谈论这个问题直到你不但明白了自己的需求，而且明白了公司的需求和雇员们的需求为止。你要记住的是，每项政策都是为了满足某些需求而制订的。那些需求也许现在已不复存在了或没有现在的需求那么紧迫了，这种情况是可能的。如果你了解到了制订那项政策到底是为了满足哪些需求，这将对你很有帮助。

对问题有了明确概念后，你就可以去找你的上司或主管这方面的雇员了。你最好把问题书写下来，先让官员浏览一遍你的简略的报告，然后找一个他方便的时间和他谈谈。你要清楚地讲述那个问题，并请求对方同意让你来处理那个问题，并保证你找到的解决方案不但会满足你的需求，而且还将满足公司的需求和其他雇员的需求。

你要仔细倾听官员的反应，使用你的倾听和反馈的技巧来表示一下你对他的处境的理解，假如你听到什么你以前没想过的情况时，你也许需要在深入研究之前对整个问题进行重新考虑。

官员对你的建议也许会持抵触甚至敌对的态度。改变经常会带来威胁，所以人们不愿改变。抵触改变是很自然的，通过倾听和反馈，你可使对方发泄他的抵触情绪，这样他就能更加坦率地来考虑你的问题了。不要急于求成，不要急于推销你的观点。当你察觉到对方不快或想说话时，你要及时转而采用倾听和反馈的技巧。起初这似乎花费了比较多的时间，但从长远看，你会节省时间的。

另一方面，假如你对官员的反应不满意时，不要轻易放弃你的努力。通过倾听和反馈，通过再次地、更详细地解释你的问题，对方也许就能听得进你的话了。一旦你得到了研究那个问题的许可，你就可以通过共同解决问题的六个步骤来进行处理了：

1. 根据组织和雇员的需求来确定问题。在你请求官员允许你处理那个问题前也许你就已满意地完成了这一步骤。如果是一个很复杂的问题，要求进行大量的调查，也许你只能在获得批准以后再进行调查。

在这一步骤中，有两个人际沟通技巧对你将非常有用。一个是询问的技巧，你要让人们告诉你他们的与问题相关的需求以及公司的需求；另一个是倾听和反馈的技巧，你要保证准确无误地接收到信息。

在把与问题有关的需求的信息收集到以后，你也许想以简要、明了的方式向官员汇报一下。在他同意后，你就可以开始下一步工作了。

2. 尽可能地想出更多的解决方案。在这一过程中，邀请几个人参加也许会对你有帮助。人多一点，想出来的方案也就多一点，同时你会赢得更多人对最后的方案的支持。

你要对每一个参与这个过程的人都要表示一下感谢，不必在喜欢他们的方案时才向他们表示感谢。比如，你可这样说：

"我感谢你们的建议，想出的方案越多，我们就越有可能找到一个满意的解决办法，这对我来说非常重要。"

3. 根据你了解到的各方的需求情况评价方案。你也许想在总结出最可行的方案前与某些重要人物谈谈你的看法，你也许想计划一下怎样执行最可行的方案。假如你写一份报告，上面有一个或几个方案，并有各个方案的优缺点以及怎样执行的计划，这样的报告对你是有帮助的。你可以把它交给有关部门批准。

4. 记住，政策是由有权力的人制订的。当你极力推崇某个方案，而又不得不等待别人来作出决定时，你一定很忧郁不安，你可以试试是否能够加快这个程序。如果不能的话，你必须要有耐心，同时要坚持不懈，你可以使用一些技巧，如扬长避短、倾听和反馈、建设性态度等。假如你想对审批的程序提出建议，你可使用条件赞赏语句，如：

"假如你们能在 6 月前作出决定的话，我们就可以在预算中把这个决定体现出来了。这将大大减少我们的麻烦，我会为此非常感激！"

5. 贯彻执行最终的方案。方案通过了审批，你要履行属于你的那部分职责。通过扬长避短你还可以激励其他人履行属于他们的那部分职责，假如有的人忽视了他的职责，你可运用条件赞赏语句来激励他们。假如他执行起来有困难，你可使用倾听和反馈的技巧。假如发生了未预料到的事，也许你就需要回到步骤 1、2、3 或 4 去。

6. 让其他人知道你很关注执行的情况，并让他们清楚一旦方案不令人满意，还可继续研究那个问题。你可能想建议一个随时对执行情况进行分析、控制的办法，在执行过程中出现了什么情况，不要隐瞒，要重视它。

让我们总结一下。当你在组织里遇到什么问题时，不要害怕去触动问题，即使这种问题不属于你的职权范围。如果你使高层管理人员意识到了组织的某项政策对各个层次的雇员有什么样的影响，这对整个组织的健康发展将是有利的。假如你使用这里推荐的技巧找到了一个更令人满意的政策，你付出的劳动将会受到每个人的称赞。要使自己成功，你就要对怎样解决问题做好充分的准备。准备工作的一个最重要的部分也许就是既要理解和尊重别人的感情和需求，又要使自己做到既有耐心又百折不挠。

假如你失败了

若你期望通过使用共同解决问题的技巧或其他技巧，你的所有问题都能得到圆满的解决，这是不现实的。

若你充分地运用本书中的技巧，在大多数情况下你会得到成功，但有时在使用某个技巧时，你可能没有得到满意的结果。下面就让我们看看造成失败的各种原因以及相应的处理办法。

造成失败的原因

失败的原因有：没有有效地使用技巧，你的目标发生了变化、过去与对方的关系不好或对方不关心你的需求。下面让我们对每种原因进行仔细的研究：

1. 没有有效地使用技巧

失败的最可能的原因也许就是你未能有效地使用技巧。当你对某个问题感到不高兴，或对方产生抵触情绪，进行自我辩护或变得盛气凌人时，要你继续运用客观的、理解别人的方法就很困难了。假如不是以直接的方式的话你此时很可能会以间接的方式来传递你的指责和不满，从而又加剧了对方的对立情绪。这种情形可能会愈演愈烈，终至发展到公开的敌对。这样你就不会成功地解决问题了，要成功地运用共同解决问题的技巧，必须建立合作的气氛，而不是敌对的气氛。

遇到这种情况，如果你有耐心、勇气以及良好的意愿你可就对话的中断或失败表示道歉，并要求对方给你一定时间来重新调整你的情绪。你很自然会倾向于挑别人的错、希望别人向你道歉，同样，对方也可能更注意挑你的错，希望你能向他道歉。在你表示道歉后，他才会更客观地看待他的过错。

你不能控制住对方的情绪和行为。但你能控制你自己的情绪和行为。

在你这样做的同时，对方很可能会受到感染。你没有指责对方，也没有把对话的中断归罪于对方，而是把注意力集中在自己的不耐心以及未能充分使用倾听和反馈的技巧上，这样对方就没有必要为他自己进行辩护了。他就会更理智地看待问题了。通过这个过程，你可能会重新获得成功，并可能得到一些有益的收获。

你没有必要因为自己未能以最有效的方式来处理问题而过分责备自己。因为这个过程中要用的技巧相对来说有点理想化，若你期望自己在实践中同共同解决问题这个方法的各个建议完全一致这是不太现实的，对你也是没有帮助的。假如你能意识到自己偏离了技巧的要求，假如你愿意承认你做了一些不好的、没有人做的反应而同时又不指责自己和对方，这对你是大有帮助的。你应避免自己贬低自己，你可为某一行为表示道歉，但同时要保持自己高水平的自尊和自信。

2. 目标发生了变化

另一个导致你失败的原因就是你的目标发生了变化。当你产生了不满情绪时，这种情况就有可能发生。记住，你使用建设性交谈和共同解决问题的技巧要达到的目标是：

1、使问题圆满地得到解决。

2、不伤害双方的关系。

3、双方的自尊都得到了保护。

在建设性交谈和共同解决问题中提到的所有的建议都是为了直接帮助你达到这些目标。然而，假如对方对你的反应是抵触、怨恨、自我辩护，这也许会触发起你想证明他是错了的愿望。你也许想不顾对方的面子去证明他是错了或证明你是正确的。这种目标与前面提到的三个目标就不一致了。

有时可能连你自己都未意识到你的目标已发生了微妙的变化。假如你产生了怨恨的情绪，这种情况就可能发生，下面显示的一些内心活动也许就是由于怨恨产生的。假如你发现自己也有这样的内心活动，那你就把它们当作可能使你转换目标的危险信号吧：

"为什么我要听他讲？他根本就没有听过我讲!"

"他应该受到指责，为什么还要我向他道歉？"

"我应该让他知道他的所作所为是多么糟糕。"

"他给我带来了这个问题，结果他未受到任何惩罚，甚至他还没有向我表示过道歉，这不公平。"

假如你意识到自己产生了一种想伤害或指责对方的情绪，而想把目前的情绪改变为建设性的态度，请读一下第七章的有关章节。

3. 过去的关系不好

假如你和对方过去就存在着怨恨，要通过共同解决问题的方法成功地达到目标就很困难了，因为共同解决问题的方法是建立在相互尊重的基础上的。没有相互的尊重，协商就可能失败。双方过去关系不好很容易使双方有一些抵触的反应。但另一方面，假如你十分小心地使用这些技巧，是可以建立起双方的相互理解和相互尊重的。首先消除你自己的怨恨情绪（技巧7），然后运用扬长避短和倾听反馈的技巧来建立起理解、尊重的气氛，这样你就能够有效地处理问题了。

4. 对方不关心你的需求

假如对方不关心你的需求，他就不会有动力来帮助你解决问题，为了克服这个问题，你需要了解他为什么不关心你的需求。

对方是不是认为你的需求是你自己的事、与他无关呢？假如他确实这么想，你有必要向他说清他的行为是给你带来的问题。假如你无法说清，也许这是价值问题，应该按第5章介绍的方法来处理。

是不是你说了或做了什么而导致对方产生不满情绪？假如你认为可能是这种情况的话，你可请对方谈谈他的那些情绪。你要使用倾听和反馈的方法来表示你对他感情的理解和接受。然后对他所描述的以恰当的方式进行反应。你可以表示一下道歉或解释一下你的行为或当时的情况。一旦解决了这个问题，对方就可能乐意与你合作了。

对方是不是害怕共同解决问题的结果不会使他满意？假如是这种情况的话，你要向对方保证你是想找到一个令双方都满意的解决方案的。说话时一定要真诚！

对方是不是不愿花时间来解决你的问题？这有两个可能：一是对方确实没时间，一是前面提到的任何一种原因。假如对方不愿花时间来帮助解决你的问题，你应考虑其他的办法，如改变你自己或改变环境。或者你不得不把原来的问题暂时搁在一边，先着手解决对方不愿花时间的这个问题。

比如，你可以先用建设性交谈语句讲述一下对方不愿花时间来解决你的问题对你造成的有形影响。在谈论你的问题时，要做到清晰。必要时应坚持不懈。

对方是不是虽然明白他给你带来了有形问题，但完全不在乎你的需求呢？这种情况的可能性不大。虽然满足你的需求可能没有满足他自身需求那么重要。但大多数人一般都不想去给别人带来什么问题。你要小心翼翼地倾听和反馈，随时收集对方的非语言信息并进行反馈。通过这样的过程，你可能会找到他不愿意合作的原因，你可能也会对他更加了解。

也有可能对方感到自己太糟糕、太不行了以至于他根本没有心绪来考虑别人的需求。通过倾听，你可以给他一个他最需要的东西，你要使他感觉到他是一个有价值的人。表示他的感情值得你理解和尊重，你就可增强他的那种感觉。这个过程虽然耗费时间，但它也许是对时间的最有价值的使用。

当然也有可能由于对方的感情处于瘫痪、崩溃的边缘而使他不容易向你或其他任何人吐露他的真实情况。有时你只好接受现状，考虑不要求对方主动合作的方案。也许你可以用别的方式来满足你的需求，也许你可以改变自己，使你不再有那个需求。在考虑很危险的强迫型的方法前，你最好多想想是否有不需要对方合作的解决问题的其他办法。

强迫别人执行你的解决方案

对双方关系会造成很大的危险和深远的影响的方法是强迫型方法。这种方法不顾别人的意愿，强迫别人执行你的解决方案。在使用这种方法前，你应该认真地考虑可能造成的后果。

虽然强迫是很危险的，但有时它又可能是你最好的选择办法。假如事态的发展会危及你或其他人的人身安全，这种方法也许就要优先于维持关系的需要来加以考虑了。或者假如你没有时间来解释整个情况或激励对方与你合作，你可能需要迅速地达到你的目的，然后再解释。也有可能对方没有能力来理解你的问题，因而也就不能参与解决问题的过程，这就使得你有必要考虑强迫的方法了。总之不管是什么原因，假如你找不到另一个满意的解决办法，或假如找到解决的办法对你来说比双方的关系更为重要，你也许就想运用你拥有的权力来强迫我影响对方执行你的方案了。

要强迫对方放弃他的需求，服从你的意愿，你必须拥有某种形式的支配权（前面已提到过，这意味着你能在某种和程度奖励或惩罚他。你对他的支配权可能很简单，也许就是对方渴望得到你的赞赏）。这种奖励或惩罚的权力没有必要讲出来，也并不一定要真的拥有这种权力，只要在对方的意识里认为你有这种权力就行了。假如有时间的话，在强迫对方之前，你应考虑一下假如对方拒绝了你的要求你应怎么办。你最好计划在先，预测各种可能的结果，而不要到头来发现自己处于危险境地而无法解脱。你应考虑一下对方拥有什么支配你的权力，以及一旦他决定用他的权力来以损人利己的方式解决冲突时你该怎么办。

把危害减低到最低程度

强迫型方法对双方关系的危害可能并不能完全消除，但你可以使这些危害减少到最低程度，下面就是五种达到这个目的的方法：

1. 明确说明你采取这种行动的目的是为了解决你的有形问题。这会防止对方认为你是故意想伤害他或出于愤怒、不欢喜，甚至仇恨。

2. 以真诚的方式对你的行动给对方带来了问题表示道歉。由于你并不想给他带来什么问题，你只是想解决你的问题，所以你可真诚地向对方解释为什么你要采取这样的行动，并对给他带来了问题表示道歉。

3. 倾听对方想说的一切话。对方可能会产生强烈的不满情绪，此时你应采用倾听技巧。通过你的耐心与善于理解的反馈，你就可以使对方的情绪得到健康的发泄。在这个过程中，假如对方的情绪太强烈或直接针对你的话，你也许会感到不舒服，但你不要害怕接受理解他的那些情感。一旦他的感情得到了健康的发泄，也就不太会报复你或夸大其辞地告诉其他人了。

记住，倾听并不等于同意。通过倾听和反馈，你表达了自己对对方感情和观点的理解，但这并不意味你同意他的观点。这两者存在着很大的同时又是很重要的区别。

假如在听的时候你发现了什么新情况，要随时准备重新考虑整个问题。这并不是要你不满足自己的需求，而是说你应有随时愿意考虑其他解决方案的思想准备。

4. 你可以以某种方式来对对方进行补偿。比如，你若要求一个雇员在他不方便的时间里工作，你可给他加班费或让他自己选择一次休假时间。

5. 事先计划好怎样避免给对方造成问题。你可让对方知道为了避免将来给他造成什么问题你已作了专门的努力，这样可使对方更能接受你的强迫性方案。

团队能力——团队活动

春游秋游，准备什么

　　春游秋游是学生们最为喜爱的活动之一，一般所选择的地点都是动物园或者植物园，让学生们走进自然，接触自然，感受生命的多彩。为了组织好这项活动，我们必须事前对活动做必要的准备工作。

　　植物园的植物种类繁多，如果在一次活动中漫无边际地什么都看，势必"走马观花"，收获不大。所以我们必须先了解参观的路线图，确定参观过程。

　　在参观之前，我们应该对所参观的植物园有一些必要的了解，了解它的面积、植物种类和园内的分区等情况。明确本次活动的目的和任务。

　　要准备好纸笔，以便记录有关的植物种属和地理分布等知识，并阅读有关的资料，做好参观前的知识准备。

　　如果参观动物园，则须注意动物一年四季的活动状态并不完全相同，一天当中的早、中、晚状态也不一

春　游

样。为了使参观获得最好的效果，应当选择最佳的观察时间。一年当中最佳的观察时间是在春季和秋季，这两个季节动物最为活跃。而就一天来说，最佳的观察时间则是在动物喂食及喂食前的一段时间。在这个"黄金时段"参观，不仅可以看清动物的形态特点，而且可以了解它们的习性和取食习惯。

在春游秋游之前，我们应当制定参观方案，明确所要参观的动物的种类和具体参观的内容。准备必要的用具用品，如望远镜、照相机、录音机、记录用品等。另外在活动前，我们还应准备必要的医疗用品，如止血药、胶布、药布等。掌握参观的进程和结束的时间，以免掉队。

·实录·例文

明天我春游（日记）

明天，我们要去动植物园春游，我心里可高兴了。早就盼望着这次活动了，希望在那儿可以看见好多的动物、植物，学会好多新知识，度过愉快的一天。

为了明天的活动顺利，今晚，我做了好多的准备工作呢。

首先，我阅读了学校的《春游须知》，了解动植物园的面积、参观的路线、参观结束的时间、集合的地点等等。另外，还了解了动植物园的地理位置以及附近的车站，以便在万一掉队的时候能够不惊慌，顺利地找到回家的路。

其次，我收集了一些参观的动物、植物资料，对一些动物、植物的形态和特点有了一点初步的了解。在本子上记下了不明白的地方和明天重点要观察的一些内容。准备好了书本和笔记本，还有铅笔，这样，明天我就能够更好地做记录了。

最后，我将午餐的食品准备好，还准备了望远镜和照相机。妈妈还把药布放进了我的背包里，以防万一出现意外的事故。这样，所有的东西都准备齐全了。

军营参观，学习什么

军营参观是对学生们进行意志、品质教育的一项积极有效的活动。这样的活动可以培养学生们的整体素质。

同学们在军营参观时，要学习中国人民解放军的军史，了解我们军队成立的时间，经历的重大战役，体会到我们今天的生活是千百万先烈用鲜血换来的，和平和幸福是来之不易的。

参观军营

要学习军人的作风，锻炼军人的素质。他们每天早晨利用早操时间进行半小时的队列训练，从立正、稍息、看齐、报数开始，到四面转法、齐步走、正步走和跑步以及行进间的队列变化，做到队列整齐，步伐整齐。此外，我们还应当学习军人的着装整齐，作息统一，见面敬礼，正确执行请假和销假制度。下级服从上级，内部实行民主等方面。讲练结合，认识与实践相统一。

另外，我们还需要认识和了解一些常用的兵器，如手枪、步枪、手榴弹、炸药、火炮、地雷等，同时可以增加一些现代化精良武器的学习，如雷达、通讯、飞机、舰艇等。

·实录·例文

军营见闻

今天，我们全校师生来到第10663部队参观。这对早就向往军队生活的我来说，是多么的令人振奋啊。看见解放军叔叔是那样的英俊威武，一股敬佩之情油然而生。因此，我当时就立下这样一个志向：将来长大了，我也要当一名解放军。

参观从上午的9点开始。我们首先参观了军人的宿舍。军人是8人一宿舍，床单是白白的，上面叠放着整整齐齐的被子，那被子仿佛被尺子量过，无论是大小还是棱角都是一致的。天啊，真的好厉害呀！在窗台上摆放的是8个暖瓶，左面4个，右面4个。暖瓶的把手全部都朝向一个方向，就像一排军人在向左右看齐。床底下是脸盆，里面放着一样的毛巾和牙杯，不仅物品是一模一样的，连摆放的位置也是整齐划一。原来军人的物品也都时时刻刻散发着军人的气息。

出来以后，我们观看了军人的表演。一个排长站在前面，发布口令。只见一个排的士兵都执行着统一的动作，敬礼的姿势是一样的幅度，一样的标准；旋转的速度和时间也都是一样的，似乎一个排的士兵是一个人，简直让人惊叹！

最后，一位威武的士兵向我们介绍了常用的兵器，有手枪、手榴弹、步枪等等。我学到了很多以前没有学过的知识，真的是大开眼界！

走进自然，研究什么

走进大自然，我们应该去了解各种动物的形态、习性、运动方式和叫声等方面的特点，这些特点与野生环境条件的关系，如何才能保护好珍稀濒危的动物，目前我们都有哪些野生动物需要保护。

了解我们所能看见的各种植物的名称、形态、特点、原产地、经济价值、学术意义以及在哪些栽培条件下形状能够发生变化。我们要研究本地区的珍稀濒危的植物的资料，其内容应当包括种类、用途、经济价值、理论意义及现在状况等。然后以校报和广播的形式在校园内进行宣传，号召大家保护野生动植物，热爱大自然。这不仅会使学生们的知识和能力得到提高，还会使大家更加喜爱生物科技活动。

大自然

·实录·例文

伟大的大自然

　　大自然是美好的，我热爱大自然，更向往着在美好的大自然中尽情地遨游、歌唱。昨天，我又一次走进了大自然的怀抱，欣赏大自然赋予我们的一切，品尝大自然带给我们的甜美。

　　早就听说世上的植物千变万化，这下我可真的见识着了。老师将我们带到了一个稀奇植物的培植地，那里有好多种形态各异的植物。一种植物开着蓝颜色的花，它乖乖地附在纤细的嫩枝上；一种植物浑身长满了大大小小的斑点，好可怕；还有更奇怪的呢，一个同学不小心碰到了一种植物的叶子，那叶子居然自己合上了。多新鲜啊！后来，老师向我们介绍，说那种植物叫做"含羞草"，一碰叶子就会自动地合上，过一会儿又会自己张开。大自然真的是太奇妙了，我们被这美丽的大自然深深地吸引了。

参观完之后，我们就正式"开工"了。全班同学分成了几个小队，有的去为植物照相，有的去采集标本，有的去做记录，还有的去查阅《大百科词典》。大家各自忙碌着、交流着，心里别提有多开心了。一会儿，各小队要出结果了，大家把自己的收获汇总在一起，聆听着，讨论着，并将重要的信息记载下来。通过这样的工作，我们了解了好多植物，还了解了一些珍奇植物的特性，真的是受益匪浅。

通过这次活动，我更加热爱大自然了。真的希望我们身边所有的人都能够更加关心、更加热爱我们的大自然。

观看电影，收获什么

观看电影时，我们应当从影片中有所思，有所感，理解影片的教育意义，最好能写一篇读后感。在观看电影时，我们主要应该从以下几点入手，引起一些思考，进而更好地理解

首先，关注影片的情节。看看影片中的情节与我们的现实生活有哪些联系，类似的场景在我们周围是否普遍存在，影片中所选择的情节又有哪些典型的意义。仔细思考，才能更好地理解影片的内容，进而有所启示，有所收获。

其次，关注影片的语

电影院

言。仔细聆听影片的对话，影片所反映的虽然是现实生活，但是影片的语言经过精心的加工，更富有深层的教育意义和耐人寻味的艺术魅力。因此，在观看电影的过程中，一定要集中自己的注意力，仔细聆听，反复琢磨，发现其中耐人思考的地方，得到教育和启示。

最后，还需关注影片的结尾部分。可以说一部影片的结局是有深意的，不仅仅是人物命运的结局，更体现着现代人生活的一种方向，是对现实人生的一种思考。我们一定要细心研究这一结尾的合理性、现实性、方向性，给我们的人生以启迪。

·实录·例文

学会友爱，学会自强
——观《海底总动员》有感

今天，我们全校同学去电影院看了新出的美国动画片《海底总动员》。故事中潜伏着种种危险，而尼莫，像所有年轻的鱼儿一样，不甘于在父亲的溺爱下生活，一心想出去探险。一次意外中，尼莫来到了澳洲大堡礁温暖的海底，而玛琳，为了寻找儿子，踏上了漫漫寻子征程……

在这个故事里有许多情节使我感动，但使我感触最深的有以下几处：

一是玛琳奋力找尼莫。在尼莫被牙科医生捉走后，留下了一个唯一的线索——潜水镜。玛琳在潜水镜的指引下，向伦敦进军，在途中，他经过了海蜇群、鲨鱼道、鲸鱼肚等困难，可是他并没有泄气，奋力向前，这体现了玛琳伟大的父爱。

二是玛琳英勇救多莉。在玛琳寻找儿子的途中，认识了一位健忘而又热心的朋友——多莉。他和多莉冲过重重危机，在经过海蜇群的时候，多莉被困，本来可以逃过去的玛琳又冲进海蜇群里，救出了多莉，表现了玛琳深厚的友爱。

三是朋友帮助小尼莫。尼莫被医生带回家后，在鱼缸里认识了许多朋友，它们都做了一些力所能及的事情帮助它。在玛琳来到医生家时，尼莫差点因为缸水而死。基哥不顾生命安危，跳出鱼缸，将尼莫推进下水道，使尼莫得救，表现了基哥乐于助人的精神。

四是尼莫救了一群鱼。在尼莫得救以后，他看见了成千上万条鱼被人捉住，他为了拯救鱼群，自己游进了渔网里，让鱼都往下游，最后他们的力量使船差点沉了。表现了尼莫临危不惧、聪明、机智、灵活的品质。

这个动画片教育我们不要在父母的溺爱下成长，要像尼莫一样，独立自主，勇于在社会中体验生活，做一个全面发展的好学生。

走进社区，做些什么

社区是连接学校与家庭教育的桥梁，是学生活动的重要场所，是实施素质教育的重要阵地。社区建设蒸蒸日上，社区环境不断得到净化、绿化、美化和优化，为实施素质教育提供了良好的条件。按照大教育观，学生要走进社区、走进文明街、走进示范路，在共建社区大家园中，提高综合学习素质，拓展素质教育的时间和空间，营造全社会关心、支持和参与学生素质教育的氛围。

社区图片

我们要充分利用资源优势，在课余时间、假期里组织旨在提高青少年基本素质为目的的素质教育班。开设舞蹈班、美术班、书法班，聘请青少年宫、职工学校等驻区单位的教师授课；发挥科教的人才优势，组织青少年学生参加科普活动，促使青少年学生开动脑筋，应用所学知识，开展创造性活动，增加学习兴趣，开发智力潜能；依托军分区、烈士馆等建立爱国主义教育中心，对青少年进行爱国主义和革命传统教育，使他们了解必要的历史知识、国防知识，增加历史的责任感。学校教育要配合社会教育，才能更好地发挥其作用，使理论实践相结合。学生一定要融入到社会之中，参与社会活动，从中锻炼自己，完善自我。

·实录·例文

小区活动角

以前，只因小区里的爷爷奶奶们总是到社区去参加活动，所以在脑海中就将社区定义为老年活动站。最近，妈妈告诉我社区主任张阿姨号召小区里所有的小朋友都去社区进行参观活动，今天我也第一次走进了社区。

社区活动站很大，一间一间的屋子都摆满了活动用品。第一间屋子是书法室，由退休干部张爷爷负责。墙上挂满了大家的作品，有的写着"祖国万岁"，有的写着"梅香荷红"，还有的写着"江山多娇"。桌子上摆着好多瓶墨汁，还有一支支大小不一的毛笔。张爷爷介绍说这里已经有好多的学员了，希望我们都能够参与，将这项活动更好地开展下去。旁边的屋子是绘画室，有素描的作品，有水墨画，还有油画。一个个人物栩栩如生地展现在我们面前，真是令人赞叹！再往后走还有音乐室，学跳舞的舞蹈室，真的是太丰富了！我开始喜欢上这里了。

参观完活动室，主任张阿姨现场组织我们搞了一项小活动。所有的爷爷奶奶都坐在凳子上，由小朋友们为他们沏茶，看谁沏得又快又好。阿姨一说开始，小朋友们就紧张地活动起来。爷爷奶奶看在眼里，喜在心上。我觉得通过这样的活动，我和爷爷奶奶们的心贴得更近了。我一定要好好孝敬他们！

社区，真的是一个大舞台，我爱这个舞台，我一定要在社区好好活动，我以后还要参与到社区的活动中来。

劳动基地，练些什么

加强劳动教育、提高学生素质是我们的初衷。要根据素质教育要求和各年级学生生理、心理的不同特点和劳动能力，从实际出发，对学生实施劳动教育。我们在劳动基地要锻炼的内容有很多，大体说来可以分为两类：一类是体能性的，一类是技能性的。

体能性的劳动主要有：翻地松土、移植花木、施肥浇水、喷药除草、修枝剪叶……这些都是基本的农业劳动，让学生参加这样的活动有助于学生锻炼自己的身体，养成从小热爱劳动的好习惯。

技能性的劳动主要有：区分良莠、辨别禾草、妙用劳动工具、巧积劳动常识等等。通过这样的训练，学生们能够体会到区分良莠、辨别禾草的乐趣，了解到"蹲用刀铲立用锄"的巧妙。即便腰酸背痛，汗流浃背，他们也会兴致勃勃，收获良多。

劳动基地

劳动教育锻炼并发展了学生的手脑和身心，培养了学生吃苦耐劳的品格，激发了学生对科学知识的渴求。劳动教育染绿了校园，净化了心灵。

·实录·例文

我在劳动基地的一天

又是一个风和日丽的上午，我们红领巾小队来到红阳劳动基地，进行劳动教育活动。早就盼望着这一天了，在绿油油的农场上享受着蓝天白云，聆听着小鸟歌唱，感受着微风轻拂脸庞，学习着劳动技能，一切真的是太美好了！

走进了农场，负责管理的爷爷向我们交代了今天的任务。今天我们主要学习的是怎样分辨韭菜和杂草。爷爷首先拿来了韭菜和杂草让我们辨认，我们东一句西一句地叫着嚷着，却始终无法确定到底哪个是韭菜，哪个是草。最后，爷爷微笑着和我们说，右面的才是真正的韭菜。为什么呢？这引起了我们极大的兴趣，我们迫切渴望了解其中的奥秘。爷爷就耐心地从韭菜和杂草的颜色、外形、气味、特性等方面为我们加以区别说明。原来，这样简单的小问题中竟然蕴含着深刻的道理，难怪妈妈爸爸总告诉我"学无止境"啊！

完成了学习内容，我们就要学以致用了。我被分配到 7 号园地去锄草。有了刚才的知识做基础，我再也不用害怕会出错了，锄得又快又好！学习和劳动相结合，实在是太妙了！我越来越喜欢到劳动基地这里来了。

冬令营、夏令营，分享什么

冬令营、夏令营是学生的集体性活动，也是丰富学生假期生活的有效形式。现在的孩子，多半是独生子女，个人主义思想比较严重，缺乏集体主义荣誉感。通过这样的活动，我们要培养学生的集体主义精神和主人翁责任感。明确自己是集体的一员，集体是自己学习和成长的地方，在集体中应当先想到他人。要关心集体，为集体做好事，不做影响集体荣誉的事. 增强集体荣誉感。为了集体的需要，敢于牺牲小我的利益，服从集体的利益，凡事先以集体为先。

要使学生树立崇高的理想和坚定的信念，成为品质高尚的人。人的理想、人生观、道德品质都是在处理个人和他人的关系中体现出来的。集体作为有统一组织、正确舆论的群体，是学生成长有所收益的场所。我们要在集体中互相谦让，互帮互助，克服自由主义和个人主义。通过集体活动，增进学生之间的感情，共同享受成功的喜悦。在集体中不任性，积极参与集体活动，在集体中发挥自己，提高自己，完善自己，将集体看成一个生活的舞台，要勇于在这个舞台上挖掘出自己最大的潜力，

夏令营

使自己成为一个适应社会需要的全面发展型的人才。

·实景·例文

夏令营的收获

7月18日，我们红旗中学的100多名学生来到森林公园，开始了我们的夏令营活动。放眼望去，到处都是绿油油的植物，有的能够叫出名字，有的却从未见过。活动一开始，老师就把我们随机地分成了10队。我们小队共有12个成员，张竞担任小队长。我们首先做了自我介绍，互相认识之后就按照要求开始小队活动了。张竞先带领我们参观了森林果园区，我们被眼前的美景震撼了。繁茂的枝头挂满了小小的果实，那样的精致，那样的新鲜。我们争先恐后地在果树前面留影纪念。接着，我们就和第4小队会合了，两个小队在一起商量后，决定举行一场游戏比赛。每个小队派出10名同学参与，剩下的几个当裁判。10名同学一起在两棵大树之间按顺序往返跑，看看哪个小队最先到达胜利的终点。我是我们小队的第5个人，轮到我跑的时候，我拼了命似的往前冲，生怕我们的整体成绩被我耽误了。可是偏偏不巧，一个树枝划了我的脚，我顺势跌倒了。这时，我难受极了。旁边站着的同学向我大喊："加油啊，别怕！"我勉强撑了起来，一瘸一拐

地拖到了终点。最后，我们的小队还是输了。我难过极了，张竞过来安慰我："不要紧，我们以后还有机会赢的。"别的队员也说："你好勇敢！""没关系"……刹那间，我体会到了集体的温暖，我感受到了大家的真情，我的眼睛在流泪，一半为我的失败，一半为大家的真诚！

我感受到了我从没有感受到的东西，这就是集体的温暖；我学到了从没有学到的知识，那就是关心他人，关爱群体！这次夏令营我高兴极了，为了愉快的活动，为了丰富的知识，更为了集体的温暖！我爱我们的集体，我爱我们的大家庭！

益智游戏

1. 接成语

全班同学一起参与，由一位同学先说一句成语（如全心全意），其余的学生以这个成语当中的最后一个字（即"意"）的字音为头，再想一句成语接上。可以接（意气风发、一马当先等），接得最多的同学为胜利者。

制胜宝典：

拥有一本好的成语词典是很重要的，平时可以将一些以常用字开头的成语积累起来，并在日常生活中（比如作文、日记中）使用它们，这样在接成语游戏中，你就会一马当先了。

2. 写正字

把游戏者分成人数相等的若干组，每组5人，成一路纵队立于起跳线后。组织者发令后，各组第1个人用双足跳到黑板前，用粉笔写"正"字的第一笔，然后跳回拍第2人的手，第2人立即用双足跳前进，在黑板上写"正"字的第2笔，然后跳回拍第3人的手。以此方法，直到把"正"字写完，先写完的组为胜。

规则：

（1）必须用双足跳的方法跳到黑板前写一笔后跳回。

（2）必须在发令后或拍手后方可越过起跳线。

（3）每人只能写一笔。

3．挖地雷

准备：篮球场地一块，篮球1个。手榴弹四颗。两颗为一组，分别放在两个半场的罚球线上。

将游戏者分成人数相等的两队，各队选出一名"工兵"（游戏时只许工兵直接用球投击对方手榴弹，即挖雷）。游戏开始，两队工兵在中圈跳起争球，各队按篮球比赛规则进行攻防，可用传球、运球或集体掩护本队工兵持球接近对方罚球线上的手榴弹，寻找机会击倒手榴弹，击倒一个可得1分，若同时击倒两个可得3分，以先积5分的队为胜。

规则：

（1）游戏方法：可参照篮球比赛规则。

（2）非指定"工兵"队员击倒手榴弹时无效，可将手榴弹重新竖起。

4．连古诗

将学生分为两组，有一组学生先说一句古诗中的上句，另外一组学生来接他的下句。再由第二组学生先背另一首诗的上句，第一组学生接下句。依次循环，哪组学生接得多即为优胜。做游戏时，可以在前一天或一周将古诗的范围明确一下，适当时候可以将古诗的范围延伸到比自己高一个年级的课本中，这样对于小学生来说，既起到预习作用，又极富挑战性。

制胜宝典：

平时多背一些经典名句非常有用。要知道，背诵经典古诗名句不仅在游戏中有用，对你以后的学习生活也非常重要，这些诗句甚至在你上大学、走上工作岗位后也都非常有用。

5．数字倍数

选择一个10以内的数字为特殊数字（如"7"），全体学生依据座次按蛇形排列，从第一个学生开始说"1"，后面的同学依次说"2"、"3"、"4"……轮到第 7 个学生的时候，他不可以说出自己的数字，要拍一下手，接着后面的学生说"8"、"9"……到"7"的倍数（如"14"、"21"等）时，都要拍手表示，另外，如果数字中有"7"的，也要拍手越过（如"17"、"27"等），说错者为大家表演节目，之后游戏从有误的同学处开始。

制胜宝典：

乘法口诀可要背熟噢！

联欢会是学生们充分展示自己才华的舞台。在联欢会上，除了文艺节目演出，我们还可以开展一些娱乐性的游戏，激发学生的热情，活跃会场的气氛。

联欢会游戏

1. 头顶球

准备一个气球，将 10 名同学分成两组，每组 5 人。另外找两名学生在场地的中央高高举起一根细绳。由一组开始抛气球，气球在本组中传递可以用手，但击球过网必须用头顶，先得 5 分的一组获胜。如下情况为失误，由对方得分：

（1）用头击球超过 3 次不过网。

（2）球面落地、出界或钻网。

制胜宝典：

事先练习一下非常重要，尤其同组队员的配合，有所准备就容易成功。另外，在用手传球时，一定要将球托到较高位置，这样才不至于"进攻"时失败。

顶气球游戏

2. 争相看背

两个人相对而站，由主持人在双方的背上用粉笔写上一个数字或字母。发令后，双方分别走上前，互相争看对方的后背。先看到并且讲出对方背后的数字或字母者为胜。为了确保能够在短时间分出胜负，在制定规则时，可以考虑允许参加游戏者运用一只手拉另一方同学的衣服，如果两手都上，视为犯规。

制胜宝典：

这个游戏制胜的方法很多，可以使用"出其不意"（放松下来作伪装，然后突然进攻）、"声东击西"（假装一个劲儿地向一个方向努力，然后突然从另一个方向反攻）等等方法，由于该游戏的可操作性强，学生还可以发挥诸如自己的身体灵活、身高等等优势。

3. 吹泡泡

5 名同学站成一排，每人手中拿一个大小一样的敞口盒，里面装有同样多的泡泡液（可以用洗涤剂加水自己配制，也可以购买），每名同学用吸管在盒内将泡泡吹到最大，但是不能破，赛程为 1 分钟。以 1 分钟为准，能够将泡泡吹得最大者得胜。

制胜宝典：

千万不要贪大，如果泡泡大小已经超过了盒子的外沿，就不要再吹了，否则很容易破的。

吹泡泡游戏

4. 比比谁长

5 名参加游戏者，每人持一把水果刀，每人发一个苹果，主持人宣布游戏开始后，5 人分别开始将苹果进行环绕削皮，尽量不要削断。一分钟后，所有人都要停下来，看看谁削下来的苹果皮最长，最长、最均匀者取胜。如果同学们的"削技"已经非常成熟，游戏的组织者可以将游戏中的苹果换成梨，增加削皮的难度。

制胜宝典：

唯一的制胜方法就是：在家里多练习，多给爸爸妈妈、爷爷奶奶们削苹果，这样既可以锻炼动手能力，又可以孝敬长者，何乐而不为呢？

5. 比武

在地板上，用粉笔画两条 2 米长的平行线，间距为 10 厘米左右，游戏的参加人数为每次 2 人。

游戏开始，两个人进入到平行线内，相对而站，各人想方设法把对方同学碰出线外，出界者失败，未出界的人获胜。

规则：

（1）不准拉人，不准推撞人，只允许拍碰。

（2）也可以将平行线的两端画上两条端线，游戏允许进退，但是不允许同学越过地板上的端线。

6. 织布机

游戏由 3 个人一组，面向圆心排列，每人双手交叉相互牵着。

游戏开始，大家共唱儿歌：

喊喊嚓嚓喊喊嚓，

我是织布的小行家。

不怕苦来不怕累，

一匹一匹堆满架。

白布蓝布花纹布，

人民生活需要它。

当唱第一句时，甲乙两个人牵着的手，从丙的头上套过蹲下。丙跨向后面，甲乙牵着手站起；唱第二句时，甲从乙丙牵着的手中向后跨出；唱第三句时，乙就从丙甲牵着的手中向后跨出，游戏可以继续进行。

赛一赛在规定的时间里，哪一架织布机织的布最多（甲、乙、丙每人跨出一次后为一尺），即为优胜（最好每组都设一个裁判员）。

规则：

（1）整个游戏的过程都不得松手。

（2）必须按规定的先后顺序进行，违者无效。

7. 比比谁的记忆好

准备 20 个大小相等的小方块儿纸板。将参加比赛的同学分成两个小组。分别把这些纸板平均分给两个小组，每组 10 块。在每张板子的上面分别写着"1"、"2"、"3"……10 个数字。准备好之后，游戏开始。

规则：

（1）从一个小组中挑选出一个同学接受挑战，另一个小组将 10 块写有数字的板子随意地排列起来。当老师说"开始"的口令时，此小组的同学同时亮出排列好的数字方板。

（2）接受挑战的同学要用最快的速度记住对方的数字排列顺序。

（3）10 秒钟过后，老师喊"结束"的口令。这时，接受挑战的同学要立刻说出对方的数字板的排列顺序。如果回答准确，就可以得一分，回答错误就要相应地扣去一分。

（4）一组活动结束后，另一个小组的同学接受挑战，看看最后哪一个小组的队员得的分数高，即为胜利者。

8. 三步击鼓

选两队队员参与此项游戏，预备的时候，两个人背对队鼓，各人手持一根鼓棒，并且用布蒙上眼睛。发令后，各自朝前走三步，并且在原地转三圈，然后返回击鼓，先敲响者可以为本队获得 1 分。两队的队员依次进行下去，看看哪一个队得分最高。得分高的队伍获得胜利，失败的队伍要集体为大家表演节目。

9. 闯难关

准备一个长的桌子，一个同学站在长长的桌子上向地面用手拍篮球（排球也可），参加游戏的其他人从这张桌子的下面依次穿过，穿越者一定要防止自己被球打着。看看谁被球碰到的次数最少，被球碰到次数最少的人获得比赛的胜利。

10. 有趣的搭配

（1）将全班同学分成 4 个小组，每个人发 1 张小纸条。第一个小组随意在自己的小纸条上写上时间（如"冬天"、"半夜"、"睡觉前"等），第二个小组在纸条上写地点，可以任意写，重在富有趣味性（如"在垃圾箱里"、"在灯管上"、"在公园"等），第三个小组写上人物（可以写上全班同学每个人的名字），第四个小组写事件，越有创造性越好（如"打呼噜"、

"进行决斗"、"练习武功"、"追赶星星"等等）。写好之后，将4组的小纸纸条分别装在4个盒子里面。

（2）游戏开始后，找同学在4个盒子中随意地抽取1张小纸条，并且把小纸条上面的内容组合起来，连成一句话念出来。例如"王小红在一个寒冷的冬季在游泳池里扫苍蝇"。

（3）游戏轮流进行，看一看哪个同学的活动最滑稽，让大家笑得最开心。

课间游戏在日常生活中最为常见，由于它受到时间的限制，因此游戏规则必须简单明了，随时可以终止，并且能让所有的参与者都有参与的机会。课间游戏可以有效地缓解学习压力，锻炼学生的各方面能力。

课间十分钟游戏

1. 追逃者

选出两个人来，一个当追者，一个当逃者，其余的学生站成一个圆队，每人围绕自己在地上画一个圆圈。游戏开始时，追者追逃者，逃者可以在圆形队内逃跑，跑累了可以在任何一个学生的小圆圈里站好。此时，原来圈里的儿童变成逃者，赶快跑开。追者追到逃者则调换角色，游戏继续。

2. 穿山引水

把参加人分成人数相等的两队，每队再分成甲、乙两组，排列成两横队，相对而站，双手互握，高举过头。老师发令后，排尾的一对学生拉手向前跑步穿过自己队所搭的山洞，然后站在原来队伍的前面，重新架起一个山洞，随后排尾的第二队学生仿排尾进行，依此类推，直到最后一对钻完为止。以先做完的一队为胜。

规则：

（1）前面的学生没有钻完，后面的一对不可以开始。

（2）架洞的双手不能够松开。

3. 赛马

在地上画一条起跑线，正前方 30 米处再画一条终点线。游戏的参加人数以 4 人为宜。每方 2 人，一个负责用脚猜拳，另一个人当马。

游戏开始，各方当马的站到起跑线上准备出发，负责猜拳的人相对而站，站在马的后面，同时在原地用前脚掌轻轻跳 3 下，边跳边说："快马加鞭——驾!"说完第三拍"驾"时，两人都要做出"锤子、剪刀、布"的任何一种动作（双脚并拢为锤子，前后叉开为剪子，两脚左右叉开为布）。锤子砸剪子，可跑 20 步；剪子剪布，可跑 10 步；布包锤子，可跑 4 步。谁胜即可通知本方的马，朝前跑步。每猜一次拳跑一次，以先跑到终点再返回来即算胜一盘，游戏重新开始。

规则：

（1）每次猜拳获胜一方的马才能跑步，输的要站在原地。

（2）每赛完一盘，各方的人可以轮换当马。

4. 老鹰捉小鸡

选一个人当老鹰，一个人当老母鸡，其他的为小鸡，依次排在当老母鸡的人的背后，并用双手扯住前一个人的后衣襟，老鹰与老母鸡相对而站。

游戏开始，老鹰即左右走动或者快跑，设法捕捉鸡队的最后一个小鸡。此时，老母鸡可以张开手臂左右阻挡老鹰，目的是不让它捕捉到小鸡。如果累了，老母鸡可以率领小鸡一块蹲下，老鹰即不得再捉。休息片刻，游戏就得再进行，被捉到的小鸡，即暂时退出游戏。

可将参加游戏者分成两队，在一定的时间内，看哪一个小队捕捉的小鸡多，那么这方即为获胜。

规则：

（1）老鹰每次只能捉最后的一人，不得乱捉。捉时手拍到即可，但母鸡不得拉扯老鹰。

（2）鸡队在躲避的时候，如果中间有人脱手，则老鹰可以捕捉脱手处的排头或者排尾，因此鸡队要很快地连接上。

老鹰捉小鸡

5. 叫号接包

准备：利用空场地，准备沙包一只。游戏人数 4 ～ 10 人为宜。参加者依次报数，并记住自己的号数，站在规定的范围内。通过猜拳或指定一人先投沙包。

游戏开始，扔包人朝天垂直扔包，并且叫号，被叫到号的人要赶快去接，如果在包落到地上之前接住，则可以由此人继续扔包叫号。若未来得及接住，则应该立刻去拾，与此同时，其他的人应当向四处逃跑。当他拾到后，即可喊"停"的口令，此时，其他的人必须立定。然后，持包人可以用包去投击任何一个人，一旦击中，则此人被判失误一次，由其扔包叫号；否则，持包人被判失误一次，由持包人扔包叫号。依此进行下去，看谁失误最少，即为获胜。或者事前规定好，每失误三次者，就要表演一个节目。

规则：

（1）扔包叫号时包要尽量扔得高，并且不能歪斜，叫号的声音要大，不可以低声含糊。

（2）听错号去抢接沙包，算失误一次。

（3）当持包人准备做击人的动作时，被击人可以做弯腰、下蹲或者单脚逃窜等动作，但不得移动双脚，否则也算失误一次。

6. 火车挂钩

在场地上面画两条 20 米的平行线为界线，把全体学生分成人数相等的两个小队，每一个小队再平均分成甲、乙两组，分成纵队面对面站在界限之后。

老师鸣笛后，各队的甲组排头跑到本队的乙组排头前，跳转身。乙组排头双手扶在甲组排头的肩上用右足点地，开火车到甲组排二，然后再跳转身。甲组排二仿乙组排头的动作，挂上钩。火车再开到乙组。如此来来回回地进行，直到最后的一个人。以先完成挂钩的一队为胜利者。

规则：

(1) 后一个人必须用双手搭住前一个人的双肩才能开车，否则不允许前进，违反此规则的人必须重新开始。

(2) 跳转身要齐，还应该到位，不可以只转一半。

7. 拍苍蝇

在地面画一个边长为 4 米的方块代表房子，甲居其间手持一个拍子，乙、丙相对站于房子的外面，对投羽毛球。在羽毛球通过房子时，甲应该争取用拍子阻挡，每成功地拍到一只球，代表着消灭了一个苍蝇。

三人依次轮流拍之，每人 20 次，最后消灭苍蝇多的人为胜。

8. 麻雀逗猫

在地上画一个圆圈，一人当猫进入圆圈里，其他人都当麻雀。

游戏开始，麻雀可以用单、双足任意地跳进跳出，向猫挑逗，猫则寻找机会追拍，一旦成功，则可以互换角色。

9. 狼和小羊

准备：两个人相对而站，双臂前上举，并且搭成一个架，其余的小朋友都手拉手站成一个圆圈儿形状。

游戏开始，大家一边绕圈从架下通过，一边念儿歌：

羊群里面有只狼，

不知躲在啥地方？

小羊小羊要当心，

认出它来好提防。

当念到最后的一个"防"字时，搭架人即可收架，把一个小朋友扣住。被扣住的人就当狼，其他小朋友赶快四处逃散。然后搭架的人放狼出来去追拍大家。此时，搭架人松开一只手侧暂当山洞，小羊就可以赶紧逃到山洞。在进洞之前被狼追拍者为失误，唱一首歌；如果都没有被追拍就进了山洞，那么就判定是当狼的小朋友失误了，同样他要为大家唱上一首歌。

10. 挑西瓜

选一个小朋友当选瓜人，其他人蹲在地上当西瓜。

游戏开始，选瓜人可以跑到任何一个人的身边，轻轻地拍头问："西瓜熟了没有？"被拍人如果不想当追者，就可以回答说："没有熟。"被拍人如果愿意当追者，就可以说："西瓜熟了。"马上可以站起来去追选瓜人。一旦被追到，选瓜人就要表演一个节目。

选瓜人跑累了，可以蹲下当西瓜，此时追者就变成了选瓜人，游戏在这个时候就可以重新开始了。

野外游戏适合于学生集体参与，规模可以大些，有利于提高大家的整体意识和团队精神，便于开发大家的智力。

11. 多拉快跑

把游戏者分成人数相等的两队，成纵队分别站在起跑线后，各排头抱三个实心球做好准备。组织者发令后，排头迅速跑到终点将球放进圆圈内，然后返回起跑线，击第二人的手掌，第二人再跑到终点把实心球抱回，交给第三人，按同样方法依次做下去，最后以速度快的队为胜。

规则：

（1）持球跑时，如实心球掉到地上，应拾起再跑。

（2）接球人不准越线。

12. 小腿勾棒跳

游戏者两人一组，平行站在起点线后。游戏开始，每组两人均以同侧腿支撑，另一侧大腿后伸，小腿向后上钩起（踝关节高于膝关节），身体稍前倾维持平衡。把一根木棒放在两人勾起的膝关节上。发令后，各组两人按照同一节奏向前跳进，先到终点者为胜。

规则：

（1）跳进过程中，木棒不得掉下，否则必须捡起重来。

（2）跳进中，不得用手触及木棒。

13. 火车赛跑

准备：在场地上画两条相距 15～20 米的平行线，一条为起点线，另一条为终点线。

将游戏者分成人数相等的若干组（每组约 5～7 人），各组成纵队分别站在起点线后，每组排头扮火车头双脚支撑，后面的人都向前举起右腿，前面的人用右手握住后面人举起的踝关节部位，左手搭在前面人肩上。游戏开始，组织者发令后，各组在"火车头"（走）的带领下，有节奏地一起向前跳动，最后以"火车头"先到达终点线的组为胜。

规则：

（1）火车启动后，如有"脱钩"、"翻车"时，必须在原地"修复"（连接好）后，方能继续前进。

（2）"火车"行进时，不得互相干扰。

14. 转绣球

游戏者 3～8 人一组，每人弯曲右腿，以脚背钩于邻近一人的膝关节处，同时自己也被别人钩住，组成一个大"绣球"。游戏开始，大家一边唱歌，一边单脚跳跃转圈，以坚持时间长的组为胜。

规则：

（1）必须以脚背钩住邻近一人的膝关节，脱节为失败。

（2）游戏中应连续跳跃旋转，不得停止不动。

15. 跳蚂蚱

准备：在场地上画两条相距 10 米的平行线，一条作起点线，一条作折返线。

游戏者两人一组，面相对站在起点线后。两队用右手互相握住对方的左脚踝，左手搭在对方右肩上，组成一只蚂蚱。游戏开始，两人用侧跳的方法到折返线，再迅速换左手互相握住对方的右脚踝，用同样的方法跳回起点线。以最先返回起点线的组为胜。

规则：

（1）发令前不得踏线或抢跑。

（2）游戏中握脚踝的手不得松开。

户外游戏

1. 踢毽球

在空地上画若干长 8 米、宽 4 米的长方形场地，每块场地中间设一高1.5 米的网，两边半场分别为 1、2、3 区；毽子若干。

将游戏者三人一组分为若干组，并分别编为 1、2、3 号队员，比赛时分站在对应的 1、2、3 区，每两组一块场地，每场地设裁判一人。比赛采用循环赛制或淘汰制，比赛规则参照排球比赛规则进行。比赛开始，听裁判员信号，1 号区队员发踢毽过网，对方三名队员必须在 3 次之内将毽子踢回，这样各组队员间密切配合，组织进攻，反复对踢，迫使对方失误。一方失误。则判对方得 1 分，并由对方发踢毽重新开始下一回合的对抗。先达到规定分数的一方为胜方。

踢毽子

规则：

（1）对踢时只准用膝部以下部位接触毽；毽子不得在脚上有明显停留；任何人不准连踢；本方三人可相互传递后踢毽过网，但不准超过 3 次；每次失误后，双方队员均应按逆时针方向轮换发毽。凡违反以上规则之一的为失误，判对方得1分。

（2）毽子落在本方场区内为本方失误，判对方得分；毽子落在界外或从网下、网外穿过为踢毽方失误，判对方得分。

（3）每回合踢毽后三人位置交换。

（4）可以到界外救毽。

2. 双人跳绳接力

跳绳4根。在场地上画两条相距2米的平行线，前一条为起跑线，后一条为预备线。在起跑线前20米处并排放两个标志物（实心球或小旗等），标志物间隔4米。

将游戏者分成人数相等的两队，各队成两路纵队面对本队的标志物站在预备线后，同队并排两人为一组。游戏开始，各队的第一组两名队员并排站在起跑线后，同时两人用外侧手分别持长绳的一端。组织者发令后，第一组向前做跑跳绳，第二组持绳站到起跑线后，第一组绕过标志物返回起跑线后，第二组出发，第一组将绳交给第三组后站于队尾，依次类推，以最后一组先返回起点的队为胜。

规则：

（1）后一组应在前一组到达起跑线后出发。

（2）中途失误应在失误处重新开始做。

（3）跳绳应是两人同时摇，同时跳过。

3. 二人跳绳赛

准备：跳绳若干。

将游戏者分成人数相等的两队，各队又分成两人一组。游戏开始，各队的第一组一人持绳做原地跳绳，当组织者发出开始的口令后，另一人由绳外进入绳里做两人跳绳，看哪一组连续跳绳的次数多，多的组为本队得1分。然后由各队的第二组进行比赛，依此类推，最

跳 绳

后以积分多的队为胜。

规则：

（1）各组必须按规定的方法跳绳（如双脚跳、单脚跳）。

（2）如出现明显停顿（即不能连续跳动的），该组比赛即结束。

（3）如果在进入绳里时被绊住，则该组比赛为失败，不得重新跳。

4. 跳长绳

将游戏者分成两组，每组先选出两名游戏者摇绳子，其他游戏者陆续全部进入绳中，并连续跳绳。跳绳停摇为一局，每局以进入跳绳人数多或全部进入后跳绳次数多者为本局胜方，得1分，最后以积分多的组为胜。

规则：

（1）跳绳方法不限。

（2）跳绳被绊住时，由绊绳者接替摇绳者继续摇绳。

5. 推铁环迎面接力赛

在平整的场地上画长20～30米、宽1.2米的跑道两条，两端各有2～3米的持环接力区，在每条跑道两端的起跑线的中点插标志旗各一面。铁环和推柄6套。

将游戏者分成人数相等的两队，每队分成人数相等的甲、乙两组，并分别排成一路纵队面相对站在两端起跑线后。甲组排头右手握推柄，左手提铁环以站立姿势做好起跑准备，乙组排头身体立于旗杆左侧，右手在旗杆右侧做好拍手接力准备。游戏开始，发令后，每队甲组第一人沿跑道推铁环跑向乙组，进入乙组前面的接力区后，先用左手将铁环提起，随后将右手的推柄交左手握住，错肩用右手拍乙组排头的右手后，将铁环和推柄交给乙组第二人，自己站到乙组排尾。乙组排头拍手后按甲组排头的同样方法跑向甲组，依次进行，以没有犯规或犯规少并先完成的队为优胜。

规则：

（1）拍手后再握推柄推进铁环。

（2）队员及所推铁环均不得串道。

（3）只有到接力区时才可以用左手提起铁环并接过右手的推柄。

6. 拔河

画三条间隔 1.5 米的平行短线，中间的为中线，两边的为河界。拔河绳中点处系一根红带子为标志带。将拔河绳垂直于中线放在场地中间，并使标志带对准中线。

将游戏者分成人数相等的两队，每队选指挥员一人，其余队员分别站在河界线后拔河绳两侧，左右相间站立。组织者发出预备的口令后，双方队员站好位置，拿起绳来，拉直，做好准备，这时绳上标志带应垂直于中线。组织者鸣笛后，双方在指挥员的指挥下，一齐用力拉，把标志带拉过本队河界的队为胜。

规则：

（1）必须鸣笛后才能够用力拉。

（2）不得在场地上挖坑或借助外力。

（3）胜负以标志带过河界垂直面为准。

（4）不得随意松手。

拔　河

7. 大鱼网

根据参加游戏的人数，画一长方形场地或用篮球场代替。

将画好的场地作池塘。从游戏者中选出 4～6 人作捕鱼人，其余人作鱼分散在池塘内。游戏开始，捕鱼人手拉手做成网去捕鱼，被围住的就算被捉住了。被捉后，立即变成捕鱼人，手拉手组成更大的渔网。直到把所有的鱼全部捕完，或剩少数鱼时为止。

规则：

（1）鱼不能跑出池塘，否则算被捉住。

（2）鱼被围不能用力冲破渔网，但可趁机从空隙中钻出去。

（3）捕鱼人只能手拉手去围捕，不能拉人、推人。

（4）捕鱼人手松开就算网破，鱼可以自由出入。

8. 半场足球

分成人数相等的两队，每队 6～8 人，一队为攻方，一队为守方，守方设守门员一名。游戏开始。由攻方从中圈处开球，通过传、运球，寻找机会射门。射中一球得 1 分。防守一方则运用抢截防范对方射门，防守一方得球后要传进中圈，再由攻方组织进攻。一定时间后交换攻防，继续进行，最后以得分多的队为胜。

规则：按足球比赛规则进行，但无越位规定。

踢足球

9. 龙头提龙尾

将游戏者分成人数相等的两队，每队 6～10 人为宜，手拉手成一横队，组成两条龙。每队一头为龙头，另一头为龙尾。游戏开始，两条龙的龙头分别去捉对方的龙尾。每捉到 1 次得 1 分，游戏结束时，以得分多的队为胜。

规则：

（1）在游戏过程中组成龙的人不得松手。

（2）任何人不得以任何形式阻挡对方的行动。

10. 飞龙抢珠

将游戏者分成人数相等的两队，各成一列横队，侧对排球分别站在两端线外，各队手拉手组成龙体，远离端线侧为龙头。游戏开始，由龙头开始迅速穿插于第 2、3 人手臂下面；第 2 人也跟着穿插，然后依次从第 3、4 人，第 4、5 人……等手臂下穿过，后面的人也跟随穿插，全队成 S 形前进，直至龙尾，最后由龙头抢球，以先抢到球的龙为胜。

游戏方法：龙头抢球时，龙体不得解散。龙头抢球后排至最后做龙尾，第二人作龙头，游戏重新开始。

11. 照镜子

参加者分成 10 人左右的小组，选一个比较机灵的人当排头。游戏开始，各组排列成纵队，由排头带领奔跑。排头可以利用场地的各种地形、树木、器材等物开展变化多端的活动。其他人必须一一跟着做，不得怠慢。在规定的时间里，看哪一组的活动内容丰富，队形保持整齐，即为获胜。

规则：

（1）凡排头做的动作，每一组人必须依次跟着做，否则扣分。

（2）各队应紧张活泼，活动的连贯性强，要找出最机灵的人当排头。

12. 找伙伴

在场地上画一个直径为 12 米的大圆圈，将全体学生分成两组，在圈内外组成两个大圆，外圈必须比内圈组多一人。游戏开始，老师喊跑步时，两组人员沿着圈向相反的方向跑。跑上几圈后，老师喊停，所有人员马上立定，外圈人要立即抓住内圈人中的一个成为一对伙伴。没有找到伙伴的人为失误，为大家表演节目。

13．民警换岗

先将参加游戏的人分成两队，每队再分成甲乙两个小组，甲乙两组各自相对站在自己的起点线上，两个起点线之间再画两个圆圈代表岗亭，先站一人值勤。发令后，各队的甲组排头跑到岗亭，敬礼、握手并进入岗亭代表换岗，替换下来的人跑到对面拍及本队的乙组排头后，退于队尾。接着，乙队的排头再仿前面的动作进行下去，最后，以先换完岗的一队为优胜。

14．猫捉老鼠

大家围成一个圆圈，选一人当猫，另一个人当小老鼠，分别带上相应的头饰。游戏开始，大家拍手唱儿歌，猫就可以追拍小老鼠，小老鼠可以在圆圈的内外逃窜（但不要远离圆圈）。小老鼠遇到危险时，可以把头饰传递给别人，让别人戴在头上，代替当逃者，倘若一旦让猫拍到，则互换角色。在追拍的过程中，当猫的人追累了，也可以把自己的头饰传递给别人，两个人互换。

15．打沙包

在场地上画一个长6米、宽3米的长方形场子。游戏的参加人数以4至8人为宜，分成人数相等的攻、守两队。守队站于场内，攻队再分为两部分，分别站在两条端线外。准备小沙包一只。

游戏开始，攻队队员持沙包投掷守队的队员，击中其中的任何一个，即算赢一分，并令此队员暂时退出场去。守队队员除了尽量躲避保护自己以外，还可以想方设法用手接住对方投来的沙包，一旦接到，守队即得一分，或者不记分，让一个暂时退出场地的守队队员重新回到场内来游戏。最后以得分最多的队为胜。

规则：

（1）攻队队员不得进入场内投掷，守队队员不得出场躲避或接包。

（2）如果守队全部被击中退出场，则和攻队对换位置进行游戏。

丢沙包

（3）沙包落在场内，攻队可以进去拾出来以后再投。

（4）不准投掷守队队员的头部，违者扣分。

（5）守队队员用腿夹住未落地的沙包按用手接住算分。

16. 传口令

利用操场的跑道，将全体学生分成人数相等的甲、乙两队，各排成一路纵队，站于起跑线上，各选一名队长站在排头。

游戏开始，老师分别将两队的队长领到僻静处，各给规定一个口令。然后，队长回至起跑线的排头。老师鸣笛后，各队由队长带队迅速地列队朝前奔跑，要求在跑完一圈的途中，把所规定的口令，迅速、正确、保密地逐一向后传，一直传至最后一人。以传递口令正确、保密、队形整齐、跑得快几方面为条件，决定胜负。

规则：

（1）允许用耳语传递口令，以便保密。

（2）允许一方故意和对方并行，以便窃听，一旦窃听到到达终点后可向老师讲，如果讲对则判对方为泄密。

（3）一方为了迷惑对方，可以故意低声传真口令，高声传假口令，对方受骗讲错则判为失误。

（4）各队的前后次序不得随意更换，前面的人不得故意掉队给后面的人传口令，违者无效。

17. 冲过火力网

在地上画一个长 15 米、宽 8 米的长方形。参加游戏的人数以 8 至 16 人为宜，分成人数相等的甲、乙两队。攻队站于一端的线外，守队站于两条界线外，各人手持两只沙包。

游戏开始，攻队即设法安全地通过火力网到达另一条端线，如果在跑的过程中被守队队员的沙包击中了身体即为受伤，算守队获得一分，进行数次之后，两队互换，最后看哪队的得分最多，即为胜者。

规则：

（1）不得击打对方队员的头部，也不得进入界线去向对方的队员投击，否则扣去一分。

（2）攻队队员已越过起点线后，即不准后退，直到终点。

（3）沙包落在场地内必须取回，从界限后另投。

18. 击掌扶棒

在地上画一个圆圈，准备若干根体操棒。将游戏的参加者分成数队。选一个同学当裁判员。

游戏开始，先由甲队每人手扶一根木棒立在地上，均匀地分散站于圈上，面朝逆时针的方向。裁判员一声哨响，各队员同时松手击一下掌，并且赶快跑向前面去用手扶住前面一个同学的棒。全体队员每成功一次记一分，只要有一个同学的棒倒下，则轮换另一个小队进行。在规定的局数中，以得分多的队伍为胜。

19. 导弹·雷达·人

将全体同学分成人数相等的两队，各成单行横队相对而站，相距 10 米，各选队长一名，站在排头。

游戏开始前，老师向全体学生说明："共有导弹、雷达和人三种动作的名称。导弹可以炸死人，人可以操作雷达，雷达可以捕捉导弹。各队伍任选一样，鸣笛后，各队同时以动作表示出来，以决胜负。表示的方法是：

两手握拳，两臂向上为导弹，直立不动的为人，两臂张开前斜举，左腿前曲，右腿下跪为雷达。"然后各个队伍由队长率领退至后面的较远处，商议决定或者就在原地由队长决定本队所要发出的动作，一旦决定之后，依次附在耳边，向下传递命令。本队所做的动作一定要统一。

游戏开始，老师鸣笛后，各队的队员同时按照规定的方法，做出一个动作，以决胜负，游戏可以进行多次，最后以得分多的队伍为胜。

规则：

（1）各队附耳传话或者协商时要低声，不要让对方的队员窃听去。

（2）一队队员中，有人做错了动作，虽然得胜，也算失败。

（3）为了不使自己的动作出现错误，各个小队可以在队长的带领下，事前练习各个动作。

20．抢占山头

在场地上画一个 15 米见方的正方形场子，中间再画一个直径为 50 厘米的小圆圈，代表山头。将全体学生分成人数相等的两队，排列成为单行的横队相对站于边线外（若人数较多，可以各占两条边线），各队依次报数，自己记住自己的号码。

游戏开始，老师发令，比如叫道："5 号！"则各队的 5 号队员应当立即跑向中间，抢先占领山头，先占领者为追者，迟到者为逃者。追拍只能在正方形的场子内进行，追者追拍到逃者，即可以为本队获得一分。接着各自归队，由老师继续发令喊口号，直至游戏的结束，以得分多的队伍为胜。

规则：

（1）如果双方同时抢占山头，则判为各得一分。

（2）逃者跑出正方形的场子，即为失误，对方得一分。

（3）如果较长时间追拍不上，老师可以鸣笛令他们各自归队，追者仅可以获得半分。

团队能力——人际交往

什么是礼貌

一天下午，前进小学五（1）班召开中队主题会，讨论关于文明礼貌的问题。

中队长丁欢欢首先发言说："老师常跟我们讲，我们少先队员要讲礼貌，我们自己也常说要讲文明礼貌，大家倒说说，究竟什么是'礼貌'？"

"这还用问哪，礼貌不就是不打人不骂人呗！"李平很自信地说。

"说得对，"王龙龙补充说："还有不撒谎也是一种礼貌。"

"噢，不打人骂人、不撒谎，就是礼貌呀，"罗丽丽不以为然，"我看，说话和气才是礼貌。"

大家七嘴八舌，讨论得很热烈。

这时被大伙称为小博士的钟大生一声不吭，正低着头在查阅《现代汉语词典》。过了一会，他举手发言，站起来指着词典慢条斯理地说："礼貌是言语动作谦虚恭敬的表现。词典上说这个'礼'字，意思是表示尊敬的言语或动作，"他把"谦虚恭敬"、"尊敬"一字一顿读得特别重，"所以，我们说不打人骂人、不撒谎只是一种好行为，但还不能算是礼貌的行为。"李平、王龙龙听了"小博士"的发言，频频点头，表示赞同。

丁欢欢站起来请班主任孙老师跟大家讲讲什么是礼貌，同学们都很有礼貌地鼓掌。

孙老师首先肯定了主题会讨论得很热烈，也表扬了钟大生善于分析思考。接着孙老师自豪地说："我们中华民族是有着悠久历史的文明古国。自古以来，我们的祖先是讲究文明礼貌的，今天我们提倡文明礼貌，就是发扬我们中华民族的美德。孙老师还生动地从"礼"的词义来说明礼貌的含义。

早在三千多年前的甲骨文中就有"礼"字。它的繁写就是"禮"。左边"示"表示祭祀的意思，右边上半部"曲"，是一条一条玉石放在盆子里，下半部"豆"就是放盆子的架子，盛了玉石的盆子放在架子上，即成"豊"拿这样的东西去供神，就是礼。从这里可以看出，礼的最初含义，就是供神的仪式。

礼 貌

孙老师说，我们祖先举行祭祀仪式，态度很恭敬，所以礼有谦恭、尊敬的意思。这样我们该明白了：礼貌就是指一个人在言语、行动上谦虚恭敬的表现。

最后孙老师语重心长地对同学们说，我们少先队员应该从日常生活中的点滴小事做起，养成文明礼貌的习惯，反对各种粗俗、野蛮，不文明的行为，培养我们良好的道德风尚。

什么是真诚

朋友之间一定要真诚，这是人人皆知的道理。什么是真诚？顾名思义，真即真心、知心，诚指诚实、诚恳。

朋友之交贵在知心。人们常把自己的亲密朋友称为知心者。要做到知心，除了相互熟悉、了解以外，更重要的是彼此要推心置腹，真正做到亲密无间。马克思和恩格斯是一对亲密的朋友，在半个世纪的革命斗争和科学研究中，亲密合作、同甘共苦，建立了终生不渝的伟大友谊。在马克思一家遭到欧洲国家的反动政府的驱逐，流离失所，生活异常困难之际，恩格斯为了能在经济上帮助好友的一家，毅然离开了自己喜爱的工作，回到父亲创办的企业事务所里，从事他厌烦透顶的商务工作。当恩格斯生病时，马克思跑到图书馆翻阅了好多医书，又多方面寻医访友，求教治疗方法，然后写信告诉恩格斯，让他精心治疗。马克思、恩格斯的高尚品德和伟大友谊永远激励着后人，是我们学习的好榜样。

　　要得到知心朋友，就必须对朋友真诚，要在朋友面前讲真话、讲实话，不讲假话。只有以自己的赤诚之心才能换得别人的真心。三国时，吴国的吕岱和徐原是一对好朋友。徐原很有才学，性格豪爽，讲话直截了当。每当吕岱有了过失，徐原总是毫不留情地当面批评。有些人看不惯徐原的态度，认为他太狂，不讲交情。但是吕岱十分赞赏徐原，非常看重他。后来徐原去世，吕岱伤心异常。他们的友谊就是因为相互讲实话，不虚假，才显出各自的赤心。有了这种赤诚之心，就可以从对方吸取有益的东西，去掉自身不良的东西，有利于共同提高和进步。

怎样结交知心朋友

　　古人说：人生得一知己足矣！漫长的人生旅途中，如果永远独来独往，确实不可想象。人遇到困难的时候，需要亲朋好友的支持和鼓励；人受了委屈，需要向人倾诉，得到理解，使心态平衡。

　　寻觅"知己"，要靠你用心血不断地去孕育和灌溉友谊之花，使彼此逐步建立起深厚的友情。吝啬自己的感情是不可能换取他人真挚的友谊的。

　　列宁一生十分珍惜友情，这是与他忠厚、诚恳待人的美德分不开的。童年时，有一次，列宁和同学到郊外划船，他们用的这条船又破又旧，船舱还有点漏水。为了不使皮靴浸湿，列宁带头脱下皮靴放在岸上，下了船。其他几位同学坚持将皮靴带上船。由于船上同学多，压力大，水不断从船舱的小洞中浸入，同学们不断用勺子把水往外舀。但终因舱内进水太快，水慢慢浸满船舱，船开始下沉了。放在船头的靴子都掉入河中。同学们都淌着水，捞

列　宁

着靴子，列宁也帮着捞靴子。靴子一只只往岸上扔，水中靴子捞得差不多了。同学们上岸后各自争着寻找自己的靴子。谁知道伊凡只找到一只靴子，他急了，怎么办？大家决定再下河去帮伊凡找失落的那只靴子。他们把湿漉漉的衣服脱下来晾在小树丛上，然后一个个又钻进了水里。捞了半天，除了烂树枝，什么也没捞到。大家又饿又累，只好爬上岸。有人说："别找了！找了这么久也没找到，大家回去吧！"伊凡哭了，没靴子怎么回家？列宁看到有的同学要走，安慰伊凡说："我一定帮助你把靴子找到！"说完，又跳入水中。刚才还欢腾的河岸，现在变得一片寂静，在夕阳照射下，河水变得五光十色。"找到了！"列宁举起了一只靴子。伊凡脸露喜色地游到列宁身边，他俩紧紧地拥抱着，笑声划破了寂静的田野。

同学们，你要交几个知己朋友吗？要交知己朋友就要做到：

第一，交心不交物。俗语说：交朋友要"交义不交财"。朋友间应多交流思想、学习、生活情况，不应该彼此在经济或物品上交往过密。那种彼此间一味谈吃谈穿，讲排场，摆阔气，是不可能交成知己朋友的。要知道相互关心，心心相通是结成知己朋友的基础。

第二，我们决不能沾染封建社会结拜兄弟讲义气的江湖习气，而应该为了共同的理想结成知己朋友。

第三，要正确处理调节"自我意识"，保持健康的心理状态。知己者无话不谈，所以就要摸透对方的性格、脾气、爱好，这样才不至于干出对方不满的事。彼此接近多，矛盾多，更需要不断调节矛盾冲突。任何一方千万不能自命不凡。缺乏自知之明，必将导致对方感情困扰。良好的自我意识是保持"知己"的前提。

普天下唯独朋友最难觅，而知己朋友更难觅。你要与志同道合者在思想、感情上多交流，在学习、生活上互相帮助，为了共同事业齐奋斗，并随时保持良好的自我意识。这样你一定会朋友满堂，知己成行。

什么是生死之交

古往今来，有多少伟人学者为了完成共同的事业，为了实现共同的理想，相互倾慕，彼此敬重，结下了莫逆之交，至死不渝。下面向少年朋友讲述一则小故事：《两位伟大的音乐家》。

舒伯特是奥地利的著名作曲家，他的乐风和个人气质，有很多方面与当时大名鼎鼎的德国作曲家贝多芬相似，素有"小贝多芬"之称。但是由于两人社会地位相差悬殊：贝多芬成名早，在欧洲各国音乐界中享有盛誉，而舒伯特却是一生坎坷，连糊口的职业也找不到，常为一日三餐奔波劳碌。所以虽然同在维也纳，两人却未曾有机会见一次面。后来经一位出版商的极力举荐，舒伯特出于对贝多芬的仰慕和敬佩，考虑再三终于带了自己的一册作品（共六十首）去拜访音乐大师贝多芬。但是不巧得

贝多芬

很，恰遇贝多芬外出未归，舒伯特无奈，只好留下作品，怅然离去。

贝多芬离家外出不幸染病，一到家里就卧床不起。一天病情略有好转，友人顺手拿起桌上的一册乐谱让他消遣。贝多芬粗略一翻，当即惊呼："这里有神圣的闪光！这些乐谱是谁写的?"当他得知是舒伯特所作，立即嘱友

舒伯特

人快把舒伯特请来。友人赶忙找到舒伯特，转告了贝多芬对他的崇高评价。舒伯特二话没说，立即赶往贝多芬家，在贝多芬的床前，两位音乐伟人终于相见了。贝多芬深情地握着舒伯特的手，大声喊道："啊，亲爱的舒伯特，我的灵魂是属于你的。"没过多久，贝多芬就与世长辞了。

舒伯特对贝多芬的去世哀痛欲绝，送葬那天，他亲举火炬陪送知音的灵枢。第二年舒伯特也因心力交瘁、贫病

交困离开了人世。临终前，他向亲友提出了一个希望："请将我葬在贝多芬的旁边！"就这样两位伟大的音乐家结伴长眠在维灵公墓的墓地里。

他们为什么"一见如故"

在人际交往中，有些人彼此需要经过较长时间的接触，逐步了解后，才会慢慢地产生感情，建立友谊；有些人却是"一见如故"，他们一见面就像多年不见的老朋友那样，彼此感到值得信赖，敞开心扉，无话不谈，很快就建立起深挚的友情。朱德和周恩来就是一对"一见如故"的好朋友。

1922年10月，35岁的朱德会同好友孙炳文为了寻求革命真理，离开祖国奔往法国巴黎，又从巴黎坐上开往德国柏林的国际列车，欲往柏林寻找当时中国共产党旅欧支部的负责人——周恩来。

柏林到了，他俩费尽周折，好不容易找到了周恩来的寓所，在大门前朱德犹豫了片刻，他想起自己走过的坎坷道路，不由得感慨万分。他出生在四川的一个佃农家庭里，1909年考入云南讲武堂，在这里他加入了孙中山领导的"同盟会"，走上了民主革命的道路。他曾参加过云南辛亥革命军起义，勇敢作战，立下了显赫的战功。以后在数不清的战斗中，他都身先士卒，表现了卓越的军事才能，在军队里担任重要职务。但是长期的战争生活使他陷入苦闷：灾难深重的中国，到处是军阀混战，民不聊生。哪里才有救中国的真理？他在苦闷和追求中阅读了马克思主义书籍，眼前豁然开朗。只有社会主义才能救中国。于是他抛弃了高官厚禄，到上海、北京去找中国共产党。好不容易找到了当时的共产党总书记陈独秀，万万没想到陈独秀对他这样说："像你这样

朱德和周总理

行伍出身的军人，没有资格革命。"这无异给他迎头浇了一盆冷水。但是他仍不气馁，约了好友孙炳文一起来找周恩来。现在地方找到了，不知道将会受到什么样的接待？他硬着头皮敲响了门。门开了，迎接他俩的是一位身材挺拔、面目清秀、两眼有神的青年，他热情地握住朱德的双手说："我是周恩来，有什么事需要我帮忙吗？"这句话打消了朱德的疑虑，他激动地述说了自己的经历……。周恩来细心地倾听着，为他的革命热情和对共产主义事业的忠诚所感动。他们在这间柏林小屋里彻夜长谈。从这一天起，周恩来和朱德彼此信赖，建立了忠贞的友谊。

共同的革命目标，共同的事业，能够使两个素不相识的人紧密地团结起来。可见"一见如故"是需要有共同的志趣为基础的。

怎样理解一团和气

俗话说"和气生财"，与人相交"和为贵"，可见和气不是坏事，但是与朋友相处一味强调"一团和气"，那就不好啦。

什么是一团和气呢？在任何情况下，不管别人做对做错，总是打着"哈哈"，不加反对，更不用说对坏人坏事作斗争了，这种放弃原则、不分是非的表现就是"一团和气"。

同学与朋友间能不能一团和气呢？显然不能。这是因为一团和气、不讲原则，会使集体纪律松懈，是非不分，歪风邪气抬头，会使同学与朋友失去真诚和坦率，使友谊变色变质。

有人说："既然一团和气有这么多害处，为什么还有不少人赞赏它呢？"原因很简单，因为这些人头脑中有私字，有自己的"小算盘"。一种人认为一团和气不会得罪人，"人缘"好，选举、评比占便宜，或认为对人和气可以博得别人的好感，万一自己做了错事，别人也会嘴下留情；一种人则是受了旧思想的影响，明哲保身，不管闲事，对人面带三分笑，"你好我好大家好"，求得太太平平、和平共处；还有一种人是因为性格懦弱，明知不对不敢讲，于是采用息事宁人，遇事不表态的方法，图个清静安逸。

一团和气的实质是利字当头，私心作怪，这是反映在同学关系中的自由主义，它使人明哲保身，不分是非，于个人于集体有害无益。在与朋友交往时我们一定要摒弃它，不能让它腐蚀我们的意志，腐蚀我们的友谊。

如何面对他人说你的坏话

当你受到莫名其妙的指责、白眼，你会愤愤不平，火冒三丈吗？生活中总有这样的人，挑拨离间，搬弄是非，无中生有，生怕同学间亲密无间，志同道合。其实同学间有时产生一些误会，也不足为奇。正如月亮也有明、暗、圆、缺的变化。

历史上轻信谗言，影响友情之事不少。你知道两位著名天文学家的故事吗？丹麦的第谷·布拉赫出身豪富，德国的开普勒出身贫穷，他俩相差25岁，而事业将这两位穷富悬殊、年龄差异、国籍不同的志同道合者系在一起。

第谷

第谷在继承伯父一大笔遗产后，生活富裕，建起了当时世界上最大、最先进的天文台。他的天体观察与研究成果很快得到了丹麦国王的支持和赏识。开普勒一贫如洗，家里还养有一个贪婪、懒惰的妻子，加上当时天主教的迫害，他几乎无法继续对星空方面的科学研究。开普勒患难之际，第谷不惜重金相聘，送给了开普勒大笔钱，帮助他摆脱了困境。开普勒以感激之情认真、卖力地在第谷的实验室努力工作，记录了大量的有价值的天文数据。开普勒的妻子对开普勒这种知恩报德的行为，不但不支持，反而胡说第谷利用她丈夫的才华，欺世盗名。开普勒经不住妻子的再三挑唆，终于一气之下，留下了一张满纸辱骂的便条，带着全家不辞而别。面对着朋友的误解和无理指责，第谷没有大发雷霆，他分析了开普勒产生误会的症结所在，便提笔写了封情真意切的长信，对产生误会的一些事情，一一作了表白、解释。开普勒读信后，明白自己轻信妻子的谗言，错怪了挚友，不觉羞愧万分。他立即复信向第谷道歉。第谷见信后，也马上复信，请他赶快回来。

第谷临终前对开普勒留下遗言："我把我一生积累的资料都交给你，愿你把我观察的结果撰书出版，题名为《鲁道夫星表》……"开普勒不负朋友的厚望，夜以继日地工作，《鲁道夫星表》一书终于出版了。第谷的名字载入史册，他俩不朽的友谊为后人传颂。

同学们，在你与同学交往中，若听到搬弄是非，说三道四的谗言怎么办？你应该像第谷那样冷静分析，沉着对待，公正处理，决不能为谗言所左右，而大动肝火，甚至做出鲁莽举动。谗言毕竟是谗言，它经不起时间的考验，即使暂时不能澄清，也不必苦恼，可向知心朋友吐吐苦水，向父母、姐妹、兄弟谈谈情况，也可向老师说说真情。一旦误会消除，你会赢得朋友的信任和尊重，友谊将会变得水晶般的纯洁。

如何面对他人的孤立

在上学或放学的路上，我们常常看到少年儿童三五成群，背着书包，说着笑着，一路走着。在学校里少年儿童也喜欢聚在一起——一起学习、一起娱乐、一起活动，显得亲密无间，活泼愉快。这是因为随着年龄的增长，少年儿童的独立意识日趋发展，他们不甘心继续蛰伏在父母长辈的羽翼下，开始在同龄的伙伴中寻求支持和帮助，所以爱交际、好交朋友。但是也有少数同学与班级集体格格不入，他们形影孤单，在班中无人理睬也交不到朋友，显得十分孤立。

他们为什么会孤立的呢？请看下面几则发生在班级生活中的事例，就不难找出孤立的原因。

小美爱美也酷爱整洁，她的上衣和裤子总是烫得笔挺，头发上的蝴蝶结一天一个花样，打扮得像只小孔雀。她总嫌别的同学脏，不愿与穿着一般的同学一起玩，有时一些同学聚在她的课桌附近讲话，她就满脸不快地赶开同学，嘴里直嚷："吵死了，臭死了，快走开！"大扫除时她拿块花手帕捂住鼻子远远地躲在一边，久而久之，小美成了"孤独的公主"。

小波是家里的小霸王，父母亲对他百依百顺，宠爱万分，因此养成他骄横、任性的坏脾气。同学们在乒乓室里打乒乓球，他蛮横地冲上去抢过球板就打，打输了就撒赖：纵身跳到乒乓桌上，搅得大家不能打。下课时，同学们有的围在一起下棋，有的玩扑克，他不是在这里夺一只棋子，就是到那里抢几张牌，弄得别人没法玩下去。这种德性谁还会与他一起玩？

小琪很骄傲，一张利嘴不肯饶人。别人测验、考试成绩比她好，她嘴一撇，不服气地说："有啥了不起，臭美！"有人成绩不及格，她当着大家的面，连声责怪："你真笨，班级平均分都给你拉下了。"渐渐地小琪周围的同学越来越少，你说这应该怪谁？

小张平时爱贪小便宜，借了别人的东西从不归还，同学铅笔盒里的铅笔、卷笔刀、橡皮，常常会不翼而飞，过了几天会在小张手里出现。别人向他要，他还强词夺理："你叫叫它看，它会答应你吗？它答应了，就算你的。"这样的人谁会与他交朋友？

这些同学心中唯有一个"我"字，时时事事以"我"为中心，别人当然对他们望而却步，远而避之。少年朋友一定要从自我的小圈子里跳出来，投入到集体中去，热爱集体，关心爱护同学，改正不良习惯，这样你就不会处于孤立的境地了。

与人交往不可以不拘小节

王晓明和朱伟是一对十分要好的朋友，他们是邻居又是同座，平时形影相随、情同手足。朱伟家居住面积比较宽敞，王晓明经常到朱伟家去玩。有时玩得高兴时，王晓明就爬到朱伟床上乱蹦乱跳；还常常拉开朱伟的书桌抽屉东翻西翻；每逢朱伟的妈妈休息在家，总要做些美味可口的点心给他俩吃，王晓明也不说一声"谢谢"，抓来就吃，吃完用手一抹嘴，再将油腻腻的手往衣服上一擦，继续再玩。起初朱伟没有介意，但时间一长，逐渐产生了反感，因碍于情面，不好意思向王晓明当面指出，只是不再邀请王晓明到他家去了。

　　一般情况下，人们在朋友面前思想比较放松，讲话比较坦率，行动也会显得随便一些，但是不能因此而不讲"小节"。譬如王晓明的行动就是不拘小节的表现，实质上就是不文明的表现。一个人在朋友面前放任惯了，想干什么就干什么，没有一点约束力，久而久之在别的场合自然也会做出许多不文明、不礼貌的举动来。例如有些少年儿童惯于做些不文雅的小动作，不论身处何地，也不管什么场合，他们都会情不自禁地挖鼻子、咬指甲、脱鞋子、挖脚丫子等，即使老师、家长一再指出不要这样，但他们却难以改正，就是因为平时养成了不拘小节的坏习惯之故。

　　看到朋友做出不文明的小动作时，我们应当毫不客气地向他当面指出。只要经常提醒他，他就会感到难为情，从而促使他下决心改掉种种恶习、陋习。

　　青少年朋友要讲文明，做到心灵美、行为美。不仅在学校里，在师长面前，在重要的公开场合要这样做，而且在任何地方、任何人面前，包括在自己的朋友面前，也要讲究行为美，把行为美培养成为一种自觉的行动。

　　青少年朋友还要做到语言美，不讲粗话，不用污言秽语骂人。

　　青少年朋友还应注意小节。高楼由一砖一瓦建起，行动由一言一行组成，从身边的小事做起，自觉地培养起讲文明的良好习惯。

当别人批评你时应该怎么办

　　"满招损，谦受益"。我们不能一有成绩，就像皮球一样，别人轻轻一拍，就跳得老高。

　　前苏联著名的小说家德·安·富尔曼诺夫，他写成带有自传性质，风格独特，描述前苏联国内战争的小说《恰巴耶夫》。小说一与读者见面，就引起了极大反响，几乎轰动了整个前苏联文坛。老作家们都写文章赞扬它，评论家也发表评论说：这是一部成功塑造当代人民英雄形象的巨著。富尔曼诺夫沉浸在一片歌颂声中……

　　一次富尔曼诺夫将《恰巴耶夫》一书送给了文豪高尔基，请他提意见。

高尔基看完《恰巴耶夫》后，写了一封长信。高尔基既不同意老作家的"过分的赞扬"，也不赞成评论家的"慷慨的嘉奖"。他首先对这位文才出众，思路敏捷，目光锐利，感情真挚的新作家脱颖而出表示由衷高兴，对《恰巴耶夫》的出版表示热烈祝贺。然后，他在信中诚恳地提醒富尔曼诺夫："不要相信廉价的赞许，不要迷醉于成功，这种成功您不应该归功于自己，归功于自己的才能，而应该归功于素材的异常重要，这些素材您实际上处理得并不好……"接着，高尔基严厉而又诚恳、公正地提出批评："您写得匆忙，写得十分草率。你是一个目击者在讲述，而不是像个艺术家在描绘。因此，在故事中就出现了拖延故事进展的大量完全无用的细节。"

富尔曼诺夫接到高尔基的信后，从头到尾，一遍又一遍地看了又看，愈看愈觉得高尔基分析得入情入理，愈看愈感到高尔基批评得中肯。他在日记中写道："他这封信并不是一封赞美信，相反，批评、指责比肯定多。但我读完这令人振奋的信，我感到了一种力量……"富尔曼诺夫满怀激情地写了一封回信，感激高尔基的教导、指示，并深刻地检查了《恰巴耶夫》写得不尽人意的原因，并表示要以创作的实际行动来改正缺点，说："当一个人开始为自己的作品感到害羞，感到惭愧的时候，难道不就是向前迈进一步了吗？……"富尔曼诺夫以高尔基的批评鞭策自己，艰苦地在艺术创作道路上探索前进。

富尔曼诺夫在短时间内，进步显著，他接二连三地发表了不少新作。富尔曼诺夫谦虚谨慎，正确地对待来自各方面的批评。

忠言逆耳，良药苦口。善于听取批评才能使你不陷入骄傲的陷阱，不断地取得成功。

同学们，你能像富尔曼诺夫一样对待批评吗？当听到批评时，你能做到虚心听取，冷静思索，不强调客观，不抱怨，有则改之，无则加勉吗？你决不能老虎屁股摸不得，听到批评，暴跳如

富尔曼诺夫

雷，更不能猜疑，以"来者不善"，而拒"批评"于门外。即使碰上不实事求是的批评，你也应心平气和地慢慢解释。"虚心使人进步，骄傲使人落后"，这可是尽人皆知的名言啊！

给他人以尊重

平等待人就是一种尊重，是对人的人格的承认。人有自尊心是人的本性，如果一个人的自尊心受到损害、扭曲，心态就会失去平衡。失去自尊、自爱，精神崩溃的人，轻的导致自卑，处处自惭形秽，心若死灰。重的破罐破摔，自暴自弃，甚至轻生。

每个人都有自己的价值，并希望得到对方的承认和尊重。我们在生活中会碰到大量的事实，说明尊重人的重要。罗维思是一个顽皮的孩子，他悄悄地对同学说："我最恨爸爸，他只看到我的缺点，从不说我一句好话，我讨厌他。我最爱妈妈，妈妈疼我，能看到我的进步，哪怕我有一丁点进步，她也鼓励我，眉开眼笑地看着我。"这是孩子荣誉感得到了满足。李爱玲是个孤儿，她孤僻，很少和同学说话，但一遇到同班同学张颖，话可多了，像山涧小溪里的潺潺流水，源源不断。为什么一个性格孤僻的同学，一遇到知心者话就多了呢？李爱玲说："张颖信任我，她数学题做不来，总来问我，外语背诵，总要先背一遍给我听，她才放心。我们情同手足，彼此关心，连我家里有好吃的，我也总要留一点下来送给她吃，她看得起我。"这是孩子信任感得到了满足。李虎子是个愣头愣脑的孩子，他相貌不扬，脾气粗暴，同学都不愿意和他玩，怕他出口伤人，动手打人。唯有同班的小胡亲近他，和他一起上学，一起离校，与他一起看电影，逛公园，有时还帮助虎子复习功课。李虎子感到唯有小胡亲近他，满足了他交友的欲望。他与小胡在交往中建立了友谊。友谊的基础来自平等意识。

自尊之心，人皆有之。人本能地渴望被人尊重，当一个同学在群体中不被尊重，就会产生心理上的失调，失落感伴之而生，进而出现对抗心态。这是人格被扭曲后的表现。

俄国作家屠格涅夫曾经遇上了这样一件事：有一天，他在街上散步，

屠格涅夫

一个被人遗弃的，没人怜悯的孩子走过来向他乞讨。屠格涅夫把手伸进口袋摸了好一会儿，又抽出手摸向另一个口袋。他摸遍了外衣的每个口袋，想从口袋中摸一点吃的给这个可怜的孩子。小乞丐睁大了双眼，期待着屠格涅夫的恩赐。他怕孩子失望，抱歉地说："小兄弟！对不起，我实在没有带吃的东西，钱袋也放在家里，明天我还会来这条街散步，我一定给你。"那小孩子感激地鞠了一个躬，说："谢谢你！先生，好心的先生！"屠格涅夫惭愧地说："你谢我什么？我什么也没给你。"小孩满怀希望地说："我原来想讨点钱或东西，让肚子里吃到点东西后去自杀，这世界对我来说既没有同情，也没有恩赐，没想到您还称我小兄弟，还答应明天给我吃的，您给了我继续活下去的希望与勇气。"

屠格涅夫的言行为什么有这么大的力量？这是因为他给了小乞丐一个正常人所需要的东西，那就是尊重！

同学们，要学会尊重人，不要因为别人成绩不好、顽皮捣蛋，长相丑陋，家庭经济不富裕，父母离异等而看不起他；也不要因为别人的性格、爱好、兴趣、志向不同而藐视他；更不应该因为肤色、种族、籍贯、财富不同而贬低别人。我们应该尊重一切人，人是有差别的，但决不能以客观存在的各种差别，将人分成三等九级。尊重人，首先是尊重别人的人格，只要他的行为和劳动对集体有益，对人民有益，我们就应该尊重他。

怎样克服孤僻、不合群的心理

孩子应该是天真烂漫，无忧无虑的。为什么有的孩子会变得性格孤僻，对人冷漠？一般说主要原因来自家庭父母离婚或其中一方早逝；也可能父

（旁注）青少年团队能力培训 QINGSHAONIAN TUANDUI NENGLI PEIXUN

母中的一方因触犯刑律，而身陷囹圄；家庭不和，经常吵骂、摔东西、打架；或兄妹中有送教养，父母作风不正，从不关心照顾孩子等情况。孩子生活在这样的家庭中，精神上受压抑，心灵上有创伤，久而久之，心理缺损、病变，形成扭曲的性格。

林 肯

美国的第十六任总统阿伯拉罕·林肯，生前曾为自己事业上的成功，说过这样一句话："我所取得的一切成功，都应归功于我那天使一样的母亲——萨拉·布什·林肯。"萨拉并不是林肯的亲生母亲，在林肯十岁那年，萨拉才以继母身份步入林肯的家庭。自从她来到林肯家，衣食无着的林肯才过上了有规律的生活，而那位固执的父亲，竟然也令人难以相信地改变了"乡村孩子不用读书"的看法。萨拉在林肯身上灌注了崇高的母爱，致使林肯成为一国统帅。可见母爱之伟大，母爱是滋润孩子心田的甘露。

那么，美满家庭中受到父母喜爱的孩子，就一定没有怪僻性格了吗？不。小丽有个美满的家庭，从她一出世，父母就对她万分宠爱。被父母视为掌上明珠的小丽，生活美满，幸福。凡她想要的，几乎到了有求必应的地步，因此造成小丽性格骄横、任性，不合群。学校大扫除，小丽怕脏不参加；打乒乓球，小丽蛮横不守规则，输了耍赖不下台；别人考试成绩好，她妒忌，但自己又不肯努力；平日小丽经常炫耀父母的职业、地位，想以势压人。天长日久，同学们不理她，但她自己的优越感又导致她孤芳自赏。

性格孤僻、不合群，怎么办？

首先，你要主动积极投身到集体中去，让集体的温暖和友情融化掉自己的"孤独感"。要积极参加集体活动，在活动中改变"孤芳自赏"的性格，共享集体的荣誉和欢乐。

其次，你要消除"自卑感"，改变"沉默寡言"的习惯，扩大交际面，

团队能力——人际交往

多交知心朋友，班级的、校外的、同一幢楼的，广接触，多交友，在学习、娱乐中加深友谊。

最后，你要虚心、诚恳、热情地对待同学与朋友，不要贪小、嘴尖、占便宜。要关心、帮助周围的同学与朋友，有事多和大家商量。要有信任感，同学间少怀疑多信赖。不要蛰伏在父母的羽翼下，要跳出小圈子，开眼界，见世面。

学会珍惜友谊

有不少同学都渴望友谊，爱交朋友，但他们往往不懂得珍惜友谊，怎么办呢？请看：

我国历史上的楚霸王项羽，煊赫一时，以他的能耐，有"力拔山兮气盖世"的力度。但由于他强硬、任性、主观，容不得人，到头来落得四面楚歌，自刎乌江的下场。韩信是位文武双全，足智多谋的将领，由于他听不得别人半点意见，结果众叛亲离，成了孤家寡人。

我们的陈毅元帅在《六十三岁生日述怀》一诗中写道："一喜有错误，痛改便光明。一喜得帮助，周围有友情。难得是净友，当面敢批评。有时难忍受，猝然发雷霆。继思不大妥，道歉亲上门。"这表现了陈毅元帅虚怀若谷，珍惜友情，乐意接受批评的坦荡胸怀。我们四位革命老前辈在长征途中，情深谊长。有一次，谢觉哉生病，徐特立为他送来粮食，林伯渠为他端洗脚水，董必武问寒问暖，送水，送药。后来谢老回忆这段生活时说："越是困难的时候，同志之间越加团结，朋友之间越能深交，我们的队伍就会兴旺。"二万五千里长征路上，英雄的红军们把希望与生存留给战友，把困难和死亡留给自己。友谊使长征的队伍成了铜墙铁壁，坚不可摧。

新闻界前辈冯英子曾把交友分为三类：一类是"挚友"，志趣相投，肝胆相照，志同道合。这种"挚友"，任凭今后天各一方，朋友的心还是相通的。第二类是"净友"，无需客套，赤诚相见，直言批评，心有灵犀一点通。这种"净友"，风雨同舟，患难与共，论是非，知无不言，谈见解，真诚相见。这样的友谊四季常青。第三类是"媚友"，这种媚友，投你所好，当面吹捧。其实，恭维的背后，必有求于你。这种媚友往往以吹捧你开始，肆意攻击你结束。他们"见利而争先"，"利近而交疏"。媚友不可交。

陈毅故居

真正的友谊是建立在共同理想基础上的，志同才能道合，友谊的桥梁通向同一道路上的人！

我们生活在群体中，总希望有更多的朋友支持、帮助，使友谊树常青。要做到这一点，你就得待人热情，乐于助人。肯关心、帮助别人的人，才能赢得别人尊敬。谦虚谨慎、尊重别人是友谊之树常青的保证。目空一切，眼中无人，谁还愿与你交朋友？放纵任性、容不得人、斤斤计较是友情的大敌，谁愿和一个随心所欲、吝啬、妒忌心重的人交往？愿你以诚待人，乐于助人，谦虚谨慎，戒骄戒躁，赢得长存的友谊！

与人发生矛盾怎样解决

马克思与恩格斯是亲密无间的好朋友。他们的友谊一直保持了几十年，共同创造了伟大的马克思主义。在并肩战斗的岁月中，他们曾经因为对一些问题有不同的看法进行过激烈的争论，也曾发生过一些误会与矛盾。一次恩格斯的爱妻不幸去世，恩格斯忍着强烈的悲痛写信告诉马克思。当时马克思正沉浸在家庭巨大的哀丧中，所以接到恩格斯的信时，他还没有从悲伤中恢复过来，神情麻木，在回信中几乎没有提及恩格斯丧妻一事，更谈不上安慰好友了，恩格斯为此深感不悦。过了一段时期，马克思才意识到好友所经受的打击和痛苦，立即去信说明了原因，并表示了深深的歉意。恩格斯明白了真相也就消了气，在给马克思的回信中写道："我在失去亲爱的妻子的同时，并没有丧失最亲爱的朋友。"

这则故事说明了世界上无论多么亲密的朋友，在长期相处中总难免会发生一些矛盾，发生了矛盾应该及时加以解决，才能使友谊永放光辉。

同学之间也会经常发生矛盾，这并不奇怪。人们常说"牙齿和舌头也会打架"，何况人与人之间更是免不了。关键是发生了矛盾以后，如何正确对待？一是要冷静对待，不能意气用事，避免矛盾扩大或加深。当马克思发觉自己对恩格斯的痛苦没及时安慰、适当分担时，心中深感不安，于是隔了十余天，估计恩格斯的"火气"已不会太大，头脑也已冷静下来，动笔写了一封信，说明自己当时正面临痛苦的煎熬，向好友诚恳地表示歉意，从而消除了误会，取得了谅解。二是要勇于承认自己的错误，诚恳地向对方道歉。有的同学与好朋友发生了矛盾后，缺乏认错的诚意，出于无奈勉强地向对方说："就算我不好，对不起。"这样怎能得到对方的谅解，收到重归于好的效果呢？倘若双方矛盾较大，一时解决不了，就暂时搁一下，作"冷处理"。随着时间的消逝，矛盾会随之缓和，肚子里的气也会逐渐消退，等到时机成熟，双方主动谈出自己的想法，相互取得谅解，就能收到较好的效果。有时也应当向老师或团、队组织汇报，取得帮助，及时解决矛盾。

朋友间有了矛盾要及时解决，不能遮遮盖盖，矛盾长期得不到解决，好朋友也会变成"仇人"；有了矛盾解决得好，将会使朋友间的友谊更深厚。

面对背后的议论你该怎么办

一个人遭到别人背后议论是常有的事。背后议论者，有的是犯"红眼病"，看到你得到了老师的器重，看到你学习成绩突飞猛进，连连得100分，或得到奖状、奖品、奖金；甚至看到你穿了件新潮衣服，心里也会不舒服。有的是出自正义感，看到吹牛、拍马、阿谀奉承者得势；看到作弊、抄袭、投机取巧者考了好成绩，得了好分数；看到阳奉阴违，虚伪的两面人赢得了名誉和信任，心中不满、愤恨。有的是怀着憎恨、报复情绪，视你为眼中钉，肉中刺，便歪曲事实，颠倒黑白，进行人身攻击；也有的出于看问题片面，对人带有偏见，主观武断，轻率下结论，乱发议论。更有的是道听途说，捕风捉影，添油加醋，烂嚼舌头。

我们怎样对待这些来自背后的妒忌者的议论，正义者的议论，隔阂者的议论，捕风者或好奇者的议论呢？

有一件事，在学生中议论纷纷，众说纷纭。李燕蓓因父母离异，成绩下降。班主任马老师看到天真活泼的小李，半年来由于家庭问题，变得孤僻、寡言。马老师以妈妈般的爱心，关怀着小李，一度甚至把小李带回家住。期终考试，李燕蓓以人们意想不到的全优成绩，取得了四年级各科考试成绩第一的桂冠。红榜一贴出，同学中哗然。有的说："李燕蓓平时成绩不如我，凭什么她能考第一名，还不是她是马老师的过房女儿，考试前题目早有数了。"有的说："李燕蓓在马老师教育帮助下，摆脱了家庭的烦恼，把精力全部放在学习上，她考第一是预料中的。她不考第一，怎么对得起马老师的一片真挚的爱心。"也有的说："李燕蓓算长得好看，老师喜欢，考第一有什么了不起，不要高兴得太早，看她将来不是在后娘手心下吃苦，就是做拖油瓶，苦事情还在后面呐！"更有的说："李燕蓓考第一，她看到了三份卷子，是马老师给她的，她亲口告诉别人的。""李燕蓓语文只考87分，马老师喜欢她，给她加了4分，所以这次考试得了全优……"

李燕蓓听到各种议论，大哭一场，甚至连最亲近的马老师也不想见了，免得给人以话柄。她怨恨自己命苦。想想自己硬拼了三个月，考了个第一，

团队能力——人际交往

竟遭来如此多的非议。

马老师找小李谈心，鼓励她要正确对待来自同学的议论。李老师说："议论中有言之有理的，这是对自己的帮助。议论中有无中生有的，纯属造谣的，一笑了之。议论中有措辞过激，伤害你自尊心的，也要冷静对待。别人捕风捉影，你就采取我行我素。核心的问题是你继续保持优良成绩，以实际行动回击惹事生非者。同学中有些不恰当的说法，我有机会会澄清的。"

李燕蓓听了马老师一席话，冲动而激愤的心情慢慢平静下来了。

同学们，遭到别人背后非议怎么办？朱德同志生前曾经讲过："腹中天地宽，常有渡人船。"对付各种流言蜚语最好的办法是不去理会，因为你去与它纠缠，把精力都分散了，那岂不正上了那些妒才者的当？意大利诗人但丁在《神曲》中曾有一段描述："人家的窃窃私语与你何干？跟随我，让人家去说长道短！要像一座卓立的塔，决不因为暴风而倾斜。"

对妒才者表示轻蔑，坚定地走自己的路，当然是正确的。但是，只是这样还不够，还应该积极地纠正这种不正之风，有时需要向老师反映，有时需要以优异的成绩回击，使这股歪风自灭，更重要的是从自己做起，使自己所在的集体形成一种团结友爱，相互学习，奋发向上的优良作风，一个祥和的学习、生活环境。

克服不守信用的毛病

守信用，这是人们交往中必须遵循的起码准则。如果我们"言而无信"，朝三暮四，谁还会愿意和你交往，谁再相信你的许诺呢！

我们生活中常有人赴约误期，开会误时，失信于人；有的人接受任务，慷慨激昂，夸下海口，行动时却疲疲沓沓，老完不成任务，也有的人答应为人办事时，满口许诺，包打天下，转身忘得一干二净；更有的人说大话，吹大牛，投人所好，从中谋利，结果不了了之，欺骗别人。上述这些人，在和别人交往中当然不会被人信任，因为他们做人不诚实，办事靠不住。

守信是取信于人的不可缺少的基本条件。大家不知是否听到过"季札信守许诺"的故事？它说的是春秋时期，吴王寿梦有个儿子，名叫季札。有一次，他出使列国，途中路过徐国。季札去拜会徐国的国君，徐君对他佩带在腰间的宝剑越看越喜欢，但出于礼节，又不能夺人之爱。季札从徐君一再注视他佩带的宝剑的眼神里，知道了徐君的欲望，他很想马上从腰间解下宝剑送给徐君，又想：我身负出使列国的重任，不能不佩带宝剑。他暗暗思忖：让我出使归来，路过这里时再把宝剑送给徐君也不迟。季札出使完成了任务，在返回途中，特地到徐国，不幸徐君已经死了。季札找到徐君的墓冢，把宝剑挂在徐君墓前的树上，说："我来赠送宝剑！徐君，我来迟了！"有人问季札："你何必这样认真，你当时又没有许诺一定把剑送给徐君，何况徐君已经死了。"季札说："人岂能无信。我虽然没有口头答应将这把剑赠送给徐君，但我当时已经心许了，做人怎能不守信呢？"

言行一致是守信的基本要求。季札连心里许诺的事也不失信，想到做到，以慰亡友之灵。他的守信美德赢得了当时士大夫的称赞。

季 札

古人说："言之所以为言者，信也。言而不信，何以为言。"说到做到是我们每个少年应具有的品德。同学们，你在守信方面做得怎样？我们要做个守信的好少年，必须做到：

第一，古人曾提倡："言必信，行必果。"也就是说：说话一定要讲信用，行动一定要有结果。我国历史上把"言必信"作为一种美德，一条处事原则。把不讲信用的人说成"食言"者。言而无信者，人们就会不信任他。我们应该继承传统美德，做一个讲信誉的守信者。

第二，自己答应别人的事，要全力办好，即使情况发生变化，也要冲破重重阻力，创造条件，争取办成。若有的事经过努力，仍未办成，怎么办？你要主动地做好解释工作。如果办不成事，又不去解释，人家就会误解你失信。解释时要讲清原委，以免别人以为你找托辞，寻借口，结果，还是把你说成是个不守信用的人。

第三，要做个有信誉的人，讲话要"三思"，不能滥许愿。古人说："三思而后许诺言。"对人讲信用"言必信"，对己守信用"言必行"，同学们要人人争取做个守信的老实人。

如何学会谦让

现在的孩子大多是独生子女，有的父母对孩子言听计从，百依百顺，因而他们在父母的娇纵下，任性、自私，只知道要别人满足自己，不懂得同情和谦让别人。别人谦让、帮助和爱护他，他感到理所当然；他占了便宜，便喜形于色；在外面吃了亏，便怒不可遏。他们现在是小霸王，以后便是害人害己的大霸王。所以，我们从小就要培养互相谦让的精神，长大以后心中才会有他人，才会爱人民，爱集体，事事处处为他人着想和服务。

古时候，有个"孔融让梨"的故事：孔融有五个哥哥，一个弟弟。他四岁那年，有一天家里吃梨，爸爸把一盘梨子放在桌子中间，让大家拿。哥哥让孔融先拿。孔融挑了一只最小的。爸爸问孔融："你为什么挑最小的?"孔融回答："我年纪小，应该拿最小的，大的给哥哥吃。"爸爸又问："你还有个弟弟、弟弟不是比你还小吗?"孔融回答："我是哥哥，应该把大的留给弟弟吃。"爸爸听了非常高兴，夸奖孔融是个能谦让的懂事的好孩子。

在革命领袖中，也有一些互相谦让的故事。有一个叫"这间房让给你住"的故事里讲到：毛泽东同志和朱德同志自从宁冈砻市会面那天起，就建立了深厚的友谊，他们互相关心，亲密无间。在开创井冈山革命根据地的时候，红四军军部设在离茅坪不远的洋桥湖村。毛泽东同志就住在村里一个老百姓家里。当时朱德同志住在茅坪，每天到军部来办公，来回要走好几里路，还要翻山过岭。毛泽东同志看到朱德同志天天来回奔波很辛苦，心里十分不安，就叫身边的战士在村里找一间房子，请朱德同志搬过来住。洋桥湖村只有十来户人家，家家都住得满满的，找来找去，只有对面谢慈俚家里有一间小屋堆着东西，没人住。但那房子又矮又小，他们把情况向毛泽东同志作了汇报。毛泽东说：“我住的这间房离军部近，朱军长住在这里方便，让朱军长住在这里吧！我搬到对面谢慈俚家去。”说完就动手搬行李。第二天，朱军长来到洋桥湖村一看，却是毛泽东同志原来住的房子，忙说，“不是说住毛委员对面的房子吗？”当朱德同志知道事情真相后，对战士说：“我住到对面去，还是请毛委员到这里来住。”战士忙说：“不行吧！毛委员既然把房子让出来，就不会再搬来。”朱德说：“毛委员工作那么忙，还老为别人着想，从来不考虑自己，我们有责任照顾好他的生活啊！”他想了想又说：“今天毛委员到茅坪去，正好趁这个机会再把他的行李搬回来。”说完，两人一起动手把行李搬到对面的小屋。正在收拾毛泽东的行李时，毛泽东走进房来，看见在为他收拾行李，心里全

孔融让梨

明白了，笑着说：“我住这里不是很好吗？用不着再搬动了。”说着，就把卷起的铺盖又打开了。朱德同志见毛泽东同志主意已定，不好勉强，便深情地望着他，心情久久不能平静。

　　同学们，在我们日常生活中，同学之间、兄弟父母之间、你与其他人之间都要互相谦让。在学校里，我们应该把老师发下的好座位的电影票，好的书，以及各种荣誉称号等让给同学，在家庭中，我们应该把好的吃、穿、用的物品让给兄弟姐妹、父母和其他长辈；在社会上应该尽力把方便留给别人，事事处处先替别人着想。总之，从自己身边的每件小事做起，就一定会养成良好的谦让品德。

巧妙地给他人提意见

　　同样处理一件事，处理得好，能使人笑；处理不好，会使人跳。

日常生活中，我们经常会看到有的同学不爱护公共财物，在装饰一新的学校走廊里踢足球，洁白的墙上留下一个个漆黑的球印。我们也会看到，有的同学不讲卫生，在教室里嗑瓜子，瓜子壳不是吐得满地，就是塞在课桌肚里，洁、齐、美的教室弄得脏乱不堪。更有甚者，有的同学缺少公德，不拘小节，未经他人同意，随便乱翻别人的书包，私自动用他人学习用品……凡此种种不良行为如何劝阻？是板着面孔训斥、批评，还是事不关己，不闻不问，或是江湖义气，彼此有数？结论是显而易见的，对那些不爱惜公物，不讲卫生，不守公德的同学，应指出："同学你不该……"但是一句话可以使人跳，一句话也可以使人笑，如何有效地提出意见，还大有学问呢？请看下例：

一天午间休息，班长小强走进教室，看见几个同学，有的坐在课桌上，有的坐在椅子上，她们围聚在一起，谈笑风生，好不快乐，手里的瓜子不停地往嘴里塞，带着唾沫的瓜子壳，吐在课桌上、课桌肚里、教室地上，到处都是，小强沉着脸说："看你们把教室弄成什么样？教室里不能吃零食这一点知识也不知道？赶快给我打扫干净，卫生老师就要来检查卫生了，影响了集体的荣誉，你们负责！"围聚在一起，谈笑风生的几个同学，如劈头浇来一盆冷水，一愣后才反应过来。有的拉长了脸一言不发，有的歪着头，嘴里嘀咕着："官不大，管得倒挺宽的！"有的则虎着脸，不甘受训，回敬说："来，班长也来尝尝，五香奶油瓜子，是老城隍庙的名牌产品。可惜，你没有这个福份。去，快去报告你的干娘去，立上一大功……"小强含着眼泪离开了教室。

下午，上课铃响了，同学们知道是班主任的课，预料必将会有一出好戏。当班主任黄老师走进教室，同学们鸦雀无声，屏息相待。黄老师满面笑容打趣地说："咦！今天怎么特别守纪律？"黄老师看看教室四周，又说。"今天教室里瓜子壳不少，听说是几个爱吃零食的同学吐的。"黄老师环顾教室，看到几个吃零食的同学害羞地低下了头。她继续委婉地说："瓜子是个好东西，我也喜欢吃，它有助于消化，不过不能在教室里面吃。在教室里面吃瓜子，一不雅观，二不卫生，三给值日的同学带来不便，你们说是不是？我有个建议，从现在起再也不许在教室里吃瓜子，刚才吃过瓜子的同学，放学后主动帮助值日生把教室打扫干净，我相信你们会乐意相助的。

青少年团队能力培训

QINGSHAONIAN TUANDUI NENGLI PEIXUN

这件事到此结束，好不好？我想吃过瓜子的同学一定会赞成我的建议的。现在请大家翻开书，上课。"

几个吃过瓜子的同学，如释重负，欣喜万分。黄老师幽默、婉转、诚恳、关切的谈话，既对同学的缺点提出了批评，又及时处理了因吃瓜子而留下的矛盾，还维护了学生的自尊心。试想，如果这位班主任不是这样去处理问题，而是严厉地批评吃瓜子的同学、损害了班级集体荣誉，有碍公共卫生，将会带来什么后果呢？

提意见大有诀窍，巧妙就在当别人有了偶发的过失，千万不要将别人置于被审的难堪境地，要给人以下台的"梯子"，维护他的尊严。自以为高明，站在人家头上指手画脚提意见，别人非但不接受，甚至会反感。用教训人、指责人的方法提意见很难奏效。灵验与否，不妨请同学们试一试。

面对对立情绪怎么办

对立情绪是青少年普遍具有的一种情绪化的青春期心理学表现，面对这样的情绪时，青少年自身和团队内部都应有一个清醒客观的认知。

第一、认清性质，辩证地看待对立情绪

对对立情绪不可一概而论、任意定性，应认清其双重性。所谓对立情绪的双重性，是指青少年中的对立情绪，从整体上讲，既有不合理的成分，也有合理的成分；既有消极的因素，也有积极的因素。从诱发对立情绪的情况看，一方面，当青少年因主观努力不够或受当时客观条件的制约，而导致某些方面失利，或因自身及小团体的不合理、不正当利益得不到满足而无力扭转时，有可能会用发牢骚、吐怨气等来宣泄对立情绪，表达不满；另一方面，当青少年对集体利益实现过程的不公平、不平等现象深恶痛绝，愤愤不平，而又找不到有效的进言渠道时，也会发泄一番，以期引起重视，使其有效地予以解决。

由此可见，对立情绪的种种宣泄作为一种表达意见的形式是消极的，是被扭曲了，但其所反映内容则既有消极的成分，也有积极的因素，因此，

要软化、消除对立情绪，就必须认真分析对立情绪所产生的原因，辩证地看待，有利于"对症下药"，做到有的放矢。

第二、力戒偏爱，以公正消除对立情绪

对立情绪的产生除了引发周围环境中人与人利益关系的碰撞外，大都与处事不公、偏爱有关。因此，化解对立情绪，求得思想认识的统一的才能使得对立情绪转化为稳定情绪。而从青少年的利益出发，公正平等，最大限度地减少偏爱或不与大家主动交流，是消除对立情绪的主要措施。

青少年中最常见的也是最容易产生对立情绪的有许多种情况，但最常见的是在学校里。

譬如学校的班主任偏爱学生本身就是一种不公正、不平等的情绪体验和行为倾向，我们常见到这样一种现象：有的班主任总喜欢与学习成绩好，平时听话的学生接触，给予他们更多的关照，即便是他们犯了错误，也误认为是他人所为。班主任如此偏爱学生，很容易使学生产生一种不健康的心理：得偏爱者会产生优越感，沾沾自喜，不思上进；受冷落者常常自悲失落，容易产生对立情绪。其结果，既伤害了多数学生的心，辜负了他们对班主任的希望和信任，又会使偏爱的少数学生由最初滋生的一些优越感，渐渐地在同学中感到孤立，从而引起对班主任的反感，最终使所有学生都受到伤害。

所以，在化解青少年对立情绪过程中必须铭记：应以宽广的胸怀，一视同仁，多一点关心和爱护，少一点挑剔和挖苦，力戒狭隘、消极的偏爱，只有这样，才能有效地消除青少年的对立情绪。

第三、设身处地，以理解疏导对立情绪

在化解对立情绪的过程中，要注意青少年在的心理位置上去认识体验和思考问题，从而选择适当的方法去处理问题，以取得良好的效果，这就是我们常说的"设身处地"、"将心比心"、"换位思考"。这是一种重要而有益的思维方式，它有助于正确处理青少年团队的关系，改变人际关系的心理氛围。

怎样对待他人的轻视

美国著名的作家卡内基有一次在邮局里排队等着发一封挂号信。当时他发现邮局的那位职员对称信封、拿邮票、找零钱、开收据这些单调而又琐碎的工作已经厌倦了。不用说，当轮到他办手续时一定会遭到对方的讨厌。怎么办呢？于是，卡内基就对自己说："我要设法使那位职员喜欢我。显而易见，要让他喜欢我的话，也就必须说几句中听的话，不是关于我自己，而是关于他。"于是，当那位职员在秤上称卡内基的信封时，卡内基热情地赞叹道："我真希望我能有你这样的一头秀发。"那位职员听了以后抬起头来，非常惊讶，脸上露出了笑容。"唔，它已经不像以前那样漂亮了。"邮局职员谦虚地说，卡内基接着又向他表示，尽管它也许不及以前那样美了，但现在看上去依然极其动人。那位职员听了此话很是高兴，他们又愉快地闲聊了几句，邮局职员最后一句话是："许多人都很羡慕我的头发。"不用说，结果是卡内基如愿以偿了。

同学们，从上述这则小故事中，我们不难发现它中间包含着一种哲理——人们把它叫做"称赞的哲学"。这种"称赞的哲学"，你一旦运用，可以产生一种神奇的魔力，它可以使别人在厌倦的时候不仅不讨厌你，而且还会立刻喜欢你，从而使你要办的事顺利而圆满地完成。"称赞的哲学"既然有如此神奇的魔力，那么大家一定非常想尝试一下了，然而我们该如何正确运用它呢？

首先，在日常生活中，我们应多用"对不超"、"麻烦您"、"请您劳驾……"、"能否请您……?"、"谢谢您"等等的文明礼貌用语。多用这样的礼貌用语就好像在日常生活中抹上一层层润滑油，使枯燥、单调的社会生活齿轮运转自如。

其次，运用"称赞的哲学"时，一定要真诚而出自内心。因为真诚而出自内心的称赞中包含着一种巨大的力量。在生活中我们大家都渴望称赞，而且会几乎不惜一切地去得到它，但是谁也不想要违心或虚假的夸奖，谁也不想听吹捧拍马的话，因此称赞别人时切不可虚假和过分，否则会出现相反的效果，把好事变成坏事，增加别人对你的反感和厌恶，从而把事情搞得更糟。

再次，还应该使别人感到他们很重要。在日常生活中，可以说你碰到的一切人几乎都觉得自己在某些方面比你优越，要赢得他们内心的好感，一个好办法就是让他们通过某种微妙的方式感到，你认识到他们的重要性并且真诚地认识到这一点。这样，你要办的事情就会变得出奇的顺当。

最后，我们在同别人打招呼时还应表现出兴奋和热情洋溢，用我们的兴奋和热情去影响、感染他人，使他们也变得兴奋和热情洋溢起来。这样，他们就再也不会对你产生厌恶和不高兴的情绪，相反会变得与你友好和亲近起来。

"称赞的哲学"在人际交往中具有一种难以想象的巨大魔力，不信，你在日常生活中也试试看。

如何让他人更了解自己

孤家寡人是什么事也办不成的。一个人要使自己的才华得以发挥，就应该让自己融合在群体中，得到别人的帮助。俗话说：一个篱笆三个桩，一个好汉三个帮。要得到别人的帮助，少不了让别人熟悉你，了解你；而要让别人熟悉、了解你，你就要敞开心扉，在交际活动中与人交流思想，增进友谊，培养感情。有的同学既不重视人际交往，又不善于感情投诉，所以只能闭门守舍，有了苦恼无处倾诉，遇到困难无人相助，有才能也无法施展。

人总要求援于他人，怎样才能得到别人乐意的相助，这里一个很重要的诀窍，就是感之以心，动之以情。有这样一个故事告诉我们：如何让别人了解你，如何取得别人的信任，如何得到别人的帮助……

科学巨匠法拉第小时候家境并不阔绰，读书也不多，当他在当一名订书工时，就热爱科学，尤其对电学特别酷爱。他经常一钻进书堆，就如海绵吸水般地如饥似渴地学习着。

有一次偶然的机会，法拉第有幸听到了英国皇家学会会长、举世闻名的化学家戴维的讲演。在那个年头，一个被人看不起的工人，能走进豪华的演讲会场，怎能不使法拉第兴奋！他梦寐以求能得到行家的帮助、指点，今天终于能亲耳聆听戴维演讲，所以他把戴维讲的每句话记在纸上，烙在心坎里。法拉第离开会场，到了家里后，他逐字逐句的琢磨、理解、消化，竭力把戴维的讲演记录完整地整理出来。终于，一份经过法拉第悉心整理，条理清晰的戴维讲演稿完整地保存在他那破旧的书桌里。

法拉第怀着对英国皇家学会会长崇敬

法拉第

的心情，向戴维发出了一封热情洋溢的信，并附上了那份经过他加工、整理的演讲记录稿，表示自己希望得到戴维的帮助，给予他献身科学，继续深造的机会。慧眼识真才的戴维，被这位无名小卒真诚的倾吐，睿智的才华，执著的追求所感动。戴维约见了法拉第。约见后，戴维在与法拉第交谈中，知道了这位学徒出身的订书工，竟能如此顽强地攀登着科学的高峰，当即同意收留他为自己的助手，安排他在皇家实验室工作。法拉第从此虚心地在戴维门下学习、工作。如鱼得水的法拉第在戴维的悉心培育下，迅速成长，不久脱颖而出，成为电磁学的奠基人，一代科学巨匠。

我们从法拉第成材的过程中，可以看到：戴维所以能将法拉第收在门下，是由于法拉第有勇气毛遂自荐。而要自荐并为人赏识，要具备条件。少年朋友，你在成材的道路上，要善于创造条件，展开交际攻势，抓住有利时机，不失机遇地促使自己成功。怎样抓住机遇使别人了解你？

首先，要把自己培养成举止高雅、心灵美好、学识渊博、仪表整洁、友善相处的人，必须从小做起，从现在做起。千万不要学油嘴滑舌、矫揉造作，强词夺理的样子。从小学了坏样，烙在心灵上，表现在行动上，反映在气质上，会给人以极坏的印象。

其次，质朴、谦逊、诚实、踏实比任何语言都能打动人的心，人见人爱。虚伪、狂妄、狡诈，一肚坏水的人，人见人恨。给人真正的"第一印

团队能力——人际交往

象"十分重要。

你生活在群体中，你的一言一行、一举一动本身就是亮相，就是自我形象的曝光。哗众取宠绝不会给人留下好感；踏踏实实的工作作风受人尊敬。因为领导与群众了解一个人，总是从听其言，观其行，一分为二地对你分解认识的。不必为让别人了解自己而"表演"，更不必担忧别人不识才而苦恼。社会主义为每个人展示才华创造了新天地，只要你现在打下扎实基础，不怕世上无"伯乐"。

碰到固执己见的人怎么办

生活中，我们经常看到有的同学，脾气倔强，意气用事，固执己见。你说这事不能这样做，他不但不听劝说，偏反其道而行之。面对这样的僵局，怎么办？

二十世纪八十年代初，有这样一个真实的故事流传在天津。引滦入津工程正进入关键时刻，担负隧洞施工任务的部队因炸药供应短缺，工程面临停工待料的危机。若工期延误，直接影响到引滦任务的完成。指挥部的领导心急如焚，经讨论，决定派李连长等开车直赴东北某化工厂求援。李连长昼夜兼程千里赶到了化工厂供销科，可是不管李连长磨破嘴皮，讲尽道理，供销科的张科长答复坦率："眼下没有货，请原谅。"李连长找厂长，厂长忙，三言两语打发了李连长，扭头就走。他跟着厂长走进走出，有机会就讲上几句，软缠硬磨，厂长仍不为所动，硬邦邦地对李连长说："眼下无货，我也无能为力，抱歉了！"话到如此，似乎已到山穷水尽的地步，可李连长并不死心，又跟着厂长，跟到办公室，厂长给李连长倒了一杯水，不厌其烦地劝他另想办法，不要再撞死在这里，误了工期。李连长仍不死心，他喝了口水，看着玻璃杯里透明晶亮的水说："这水真甜啊！天津人可苦啊，喝的是从海河里、各凹地中集的苦水，不用放茶叶，水就黄了。"他一眼瞥见厂长戴的是天津产的手表，接着说："厂长也是戴的天津手表？听说现在全国每十块手表中，就有一块是天津制的；每十台拖拉机，就有一台是天津造的；每四个人里就有一个人用的天津的碱；您厂长是办工业的行家，是懂得水与工业的关系，造一辆自行车要用一吨水，造一吨碱要花一百六十吨水，造一吨纸要二百吨水……引滦入津是解除天津市的燃眉之急啊！我们工地没有炸药，工程眼巴巴地看着要停下来……李连长的话语越讲越轻，越讲越沉重。

厂长听着李连长入情入理的一席话，有几分感动，问："你是天津人？""不！我是河南人，也许通水时，我也喝不上那滦河水！"厂长被李连长坦荡无私的胸怀所折服。他抓起电话下达命令。"全厂加班三天！突击生产炸药！"三天后，李连长拉着一车炸药胜利返程，直奔引滦工地。

你看了这个动人的故事，有何感想？固执己见，有时不一定是脾气倔强、意气用事，这位厂长开始不给炸药，是确有其难，李连长以娓娓动听、在情在理的一番话表述了自己的真情实意，终于敲开了厂长心灵的大门。"人心都是肉长的"，心诚则灵。

生活中，也确有脾气倔强，意气用事，固执己见的人。荷兰物理学家诺贝尔奖金获得者彼德·塞曼，小时候就是一个贪玩、任性、倔强的孩子。他由于不思学业，成绩下降，物理成绩更差。到了中学几乎成了个浪荡公子。塞曼的母亲伤心欲绝。同学好心相劝，他当耳边风，老师苦口婆心地教育，他产生逆反心理，越劝越捣蛋。

妈妈不忍心儿子浪费青春。那是一个风雨交加的夜晚，塞曼的妈妈触景生情地对塞曼讲述了有关家乡的往事：你的家乡位于西海岸的一个半岛上，自古以来几经大海吞没……那是1860年5月24日的午夜，家乡又遭大海淹没，一个孕妇坐在漂浮的孤舟上逃命，不料临产，生下了一个男孩，幸亏乡亲们赶来救助，母子二人才得以平安无事。接着，塞曼母亲悲哀地说："早知当初这男孩如此平庸，我又何苦在海涛中拼搏求生……"

塞曼听母亲讲到这里，省悟到母亲含辛茹苦将自己哺育成人，而自己……他羞

彼德·塞曼

愧，无地自容。从此他发愤学习，与从前的那个捣蛋的孩子判若两人。以后，他在事业上有了很大成就，发现了"光谱分裂现象"，终于在1902年获得了诺贝尔物理学奖。

塞曼曾经浪荡、固执、不思上进，同学、老师对他的帮助，无济于事。而他母亲以伟大的母爱，点燃了他恻隐之心，唤起了他的新生，塞曼从愧疚中自拔。

同学们，当你碰上固执己见的人怎么办？你可以以李连长和塞曼的母亲为榜样，用真诚的言谈改变别人的看法，用真诚的行动征服别人的心灵。

如何学会与人交谈

交谈是一种艺术。美国作家戴尔·卡耐基在《人性的弱点》一书中举了一个有趣的例子：美国某公司要高薪征聘一个具有特别能力和经验的人，应征者很多。众多的应征者中，查尔斯·古比里先生在和公司董事长进行了一席交谈后独占鳌头。原因就是古比里先生不待主方询问情况，就面对公司现代化的大办公楼由衷地赞美了一番，而后提出了一个问题："听说，二十八年前，你们公司只有一间小办公室和一个速记员，是这样吗？"经他这么一提，董事长不由得高兴地回忆了自己一生的发迹史。最后他只简单地询问了一下古比里的情况，就把他录取了。

这件事告诉我们，交谈是主客两方面的事，一般涉及两个侧面，一是听，一是说。说到听，最要紧的是抱着信任、诚恳的态度耐心地听别人讲。别人说愉快事时，你不由得为此会心微笑；别人说烦闷事时，你不由得心神不安；别人说痛苦事时，你会忧愁在眉，甚至潸然泪下。听者的上述态度是对说话人最大的尊重，最大的鼓励，他会立刻觉得你是个谈话的好伙伴。听，还要让别人充分表达他自己所喜欢的。譬如往事、成绩、爱好。大多数人有回忆往事的习惯，而成绩和爱好常常是一个引以自豪和自慰的东西，当别人津津乐道此事时，你一定不要漫不经心，兴趣不浓，使别人扫兴。古比里先生看来是深深懂得这个道理的。

当然，交谈中，"说"也是挺关键的。说，最基本的要求是紧扣话题，

青少年团队能力培训

QINGSHAONIAN TUANDUI NENGLI PEIXUN

而又能随机应变。譬如大家都在谈我国足球冲出亚洲时，你中途插入拳击比赛，就不识时务。相反，一个话题确实说得差不多了，你如果觉察在先，适时导入另一话题，由于你的承上启下，使谈话如流不绝。时间长了，大家自然而然把你看成谈话伙伴中的一个主导者。说，还要培养个性。或幽默、或质朴、或善辩，有了个性才吸引人。幽默，说者诙谐，听者愉快，谈笑风生，即使最沉默的人，也会在一边点颔微笑；质朴，有啥说啥，坦坦荡荡，没有华丽的语言，但有真情实感，深切感人；

卡耐基

善辩，于平淡的谈论中，挑出有启示性的问题，引起大家深一层的思考，有时一语中的，使人茅塞顿开。这些都是吸引人的谈话风格。

你若不善于交谈，你就应该从听中学会说，从说中学会听，听听说说是你善谈的起步。但说话要注意分寸，要实事求是，言之有据，言之有理，切忌说假话、大话、空话，更不能见风转舵，人面前讲人话，鬼面前讲鬼话。真心实意讲真话，孜孜以求学说话，你会成为群众心目中信得过的交谈者。

人际交往中的幽默

交往从第一印象开始。幽默的人容易给人们留下深刻的、良好的第一印象，自然也能吸引别人的交往热情。可见在交往中要有一点幽默感。有人说：笑声是消除生疏感、缩短心理距离的最好阶梯。这话很有道理。幽默常同笑声相随。而且，幽默还给人以智慧。

美国著名演说家罗伯特有许多朋友，其中不少是无名之辈，他们同罗伯特首次见面时，总有些拘束感。有一次，罗伯特过六十岁生日，许多朋友去看他，有人见他头秃得厉害，就劝他不妨戴顶帽子。罗伯特回答说：

团队能力——人际交往

"你们不知道光着秃头有多好，我是第一个知道下雨的人!"这句幽默话一下子使聚会的气氛变得轻松起来。人们所以喜欢同罗伯特交往，不仅因为他是个极有才华的人，而且也因为他的幽默能使第一次交往就成为朋友间的欢聚。

一般说来，幽默的人比较豁达大度，不大计较别人的一言一行，对方与之交往的心理压力比较小，因此，信任的建立相对要容易些。据美国的一位大众心理学家说：林肯总统在会见某国总统时，还没有握手就谈笑风生："啊，原来我的个子还没有你高，怎么样，当总统滋味如何?"那位总统有点拘谨，说："你说呢?" "不错，像吃了火药一样，总想放炮。"这段对话使两位总统间的猜疑、戒备之心立刻消失了，以后的会谈完全是在信任、坦率的气氛中进行。

在人际交往中，有时也会有尴尬场面发生，幽默、风趣则是解除困境的最好方式。一次，一位演员在家里宴请几位朋友，不知为了什么事激烈地争论起来了，针锋相对，越争越激烈。这位主人为了平息餐桌上的争论，于是十分意外地问："诸位，刚才是一盘什么菜? 大概是牛肉?" "是的，"一位客人答道，"一定是公牛的肉!"主人一本正经地说："原来是牛在作祟，难怪大家要斗起来。"说完他举起酒杯说，"来点灭火剂吧，诸位!"一场舌战总算平息了。

同学们要使自己幽默、风趣，那么你平常一定要开拓眼界，性格开朗，并且再多一些友善与机智，这样幽默与风趣就会逐渐来到你的身边。

团队能力——社交礼仪

礼仪自然，站立大方

青少年无论做什么，说什么，也无论参加什么活动，都应当表现得稳重而大方，不能够毛毛躁躁、丢三落四。大方而不做作，就会显得自然优美，有条不紊。畏畏缩缩，吞吞吐吐的人在社交场合是很不受欢迎的。要自信、热情、稳重，该动则动。该停则停，该说则说，该笑则笑，要恰到好处地表现出自己的礼仪风貌。当然，也不可以表现得过分热情，过分大方。否则会使人感到庸俗而虚浮，同样不会受到人们的欢迎。

最能够表现出一个人仪态特征的是这个人处于站立时的姿势。青少年站立姿态的基本要求是：身躯正直，头、颈、身躯和双脚应与地面相垂直。两眼平视前方，嘴微闭，下颌微收，收腹挺胸，两臂自然下垂，手指并拢而且自然微屈，中指压裤缝，两腿挺直，脚跟并拢，两脚间距离不宜过大，以不超过一脚为宜，身体重心落在两腿正中。整个体形应当显得庄重、平稳，给人一种精神饱满的印象。不文雅的站立姿态主要包括：头上仰或者下垂，肩不平，收胸含腰，将手插在衣裤口袋中，用脚拍地面，身体依靠在其他物品上歪斜站立。站立时间较长时，可以用一腿支撑，另一腿稍稍弯曲。站立交谈时，可以用手臂随着谈话的内容而做一些手势，但幅度不宜过大；不要将手臂交叉重叠在胸前，这样显得很不庄重。

坐相是坐着的姿态。青少年坐姿的基本要求是：上体自然挺直，胸部要挺起，腰部靠在椅背上，不要歪扭，大腿与小腿基本成直角，两脚平放地面。男性张开腿部而坐，两脚间距与肩同宽，手放在膝盖上或者放在大腿中前部，体现出男子的自信与豁达。女性则需要膝盖并拢，体现出女子的庄重与矜持。在有靠背的座椅上就座时，身体可以微微前倾，但不要仰靠，露出一种懒散的样子。

最能体现出一个人精神面貌的姿态是走姿。青少年除了站有站相，坐有坐态之外，还应当注意要有良好的走姿。青少年走姿的基本要求是：走路时目光平视前方，头正颈直、挺胸收腹，两臂自然下垂、前后自然摆动。两肩不要左右晃动或者根本不动，也不要一只手摆动而另一只手一点不动。两腿有节奏地交替向前迈进，步履要轻捷。

人的走姿不仅关系到仪态美，而且更影响到人的身体健康。正确的走路姿势有助于青少年身体各器官的正常发育，不正确的行姿则会带来不良后果。例如：有的人走路时过分放松上身，身体不挺直，时间久了会形成脊柱侧弯或者驼背，致使身体畸形。

在这里，特别要指出的是，青少年在公共场合，一定要做到站坐大方、神情自然。

第一，有些青少年喜欢懒洋洋地左靠右挨。还有的青少年有跷二郎腿的坏习惯，甚至还将跷起的脚尖对着别人。特别是在长辈或者客人面前，这种行为举止显得十分粗俗无礼。对女青年而言，就更应该注意这一点了。有句成语叫做"亭亭玉立"，形容的就是女孩优美动人的站立姿势。站立时，头部、颈部、腰部应当成一条直线，肩膀一定要平，让一切变化都落在脚部。尤其在社交谈话时，站立的变化只在脚部，上半身应当始终保持挺直。如果穿裙子，应注意把身体略略侧向一边，既可以使自己正面的样子看起来更加苗条，也会使自己显得稍稍高一点。

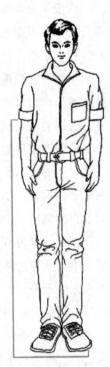

站 姿

第二，步行时，脚部的移动应该彼此平行。上下楼梯时，上身保持挺直，头昂起，肩放平，不要用半只脚板去登楼梯。下楼时，身体的重量放在后面一只脚上，等身体重心落在前脚时再向下走动。走路时，一定要学会避让，不要争先恐后，尤其是当自己遇到老师或长辈时，更应当表现出应有的礼节。

第三，要注意培养一定的气质与风度。优雅的行为举止特别能够显示出一个人的气质与风度。气质是一个个体多方面综合素质的体现，往往蕴含在一个人的举止之中。气质的内涵既有与生俱来的遗传因素，更有后天获得的文化素养与审美情趣。风度与气质彼此相应，气质不佳的人，很难显现良好的风度；而风度，更是取决于一个人的气质。青少年在社交场合中，只有时刻注意自己的一言一行、一举一动，才能够逐渐地培养出良好的气质与风度，更好地展现自己的个人魅力。气质与风度是一种无声无息的力量，它潜在地影响着人的社会交往与人际关系，而且往往能起到十分关键的作用。

举止优雅，手势得当

在社交活动中，如何正确运用手势是一门艺术。能否正确掌握以及灵活运用这门艺术直接影响到社交效果。

手势属于一种无声语言，它作为信息传递的方式不仅远远地比书面语言要早，而且也比有声语言要早。根据手势所表现出的意义的不同，可以划分四类：情意手势，表达讲话者的情感，十分具体化而且形象化；象征手势，表达讲话者的思想内涵与信念；形象手势，摹状信物，形象地比画出某种轮廓或者线条；指示手势，用手去指示某一个具体的物品。

青少年在社交中一般要注意以下几种手势的运用艺术。

1. 挥手打招呼

如果你远远地看见一个人，想让他到你这边来，怎样向他发出召唤的手势呢？在招手时，手心是朝上，还是手心朝下呢？

在中国，挥手打招呼的正确手势是：高高地抬起手臂，使手臂与身体之间的角度不小于90°，手心应当朝下，而且轻轻地挥一挥手腕。

打招呼

在英国，这种手势则会让一个英国绅士转身就走，按英国人的习惯，这种手势表示的意思是"再见"。如果要招呼别人来到自己这边，英国人通常使用手心朝上的招呼。

2. 握手

握手通常表示友好的心情和愿意与对方见面的心意。与久别重逢或者多日没有见面的友人握手表示对对方的关心和问候之意。握手的含义可以界定为：在社交场合中，相互见面和离别时，以及在相互介绍时表示礼貌、热情以及致意的一种常见礼节，握手也是一种国际上能够通用的礼节。

握手除了表示问候与见面致意的意思之外，还是一种表示感谢、祝贺或者鼓励的手势。例如，某一个运动员在板城青少年运动会上取得了好成绩，教师与同学可以握手向他表示祝贺，他同样会以握手来表示对老师和同学的感激之情。

握手有先后顺序，在中国，主人、辈分高的人、身份职位高的人和女子先伸手；客人、辈分低的人，职位低的人和男子在见面时一般先问候，等对方伸手后再去握手。很多人同时握手时，不要交叉，等别人握完后再伸手。

握　手

握手的基本要求是：挺身站立，用右手掌稍稍用力握住对方的手掌，握力应当适度，面带笑容，用眼睛注视对方。身体可以微微前倾，时间不宜太长，一般为1~3秒钟。世界上绝大多数民族在握手时都要脱去手套，有些民族中地位高的妇人有时不脱手套。中国人在表示自己的浓情厚谊时，一般用双手握手。当然，男性对女性通常不用双手握手。握手时一定要注意自己的姿势，切不可漫不经心或者东张西望，这样会给人一种不沉稳、不真诚的感觉。握手时，双方应当先打招呼或者点头示意，然后再相互握手。关系密切的朋友，可以一边握手一边问候，而且握手的时间也可以长一些。初次见面时，应该在听完介绍之后，再轻轻地相握。男士与女士握手，往往只需握一下女士的手指部分或者轻轻地贴一下；女士与男士握手，只需要轻轻地伸出手掌。

青少年在有些场合可以不握手，但在下列场合必须握手：

（1）被介绍与他人相识，双方互致问候的时候。

（2）与多日未见的同学或者久别重逢的朋友。

（3）领取奖品时，一定要与发奖者握手，以示感谢。

（4）当别人为自己帮忙或者做了某件好事时。

（5）邀请客人参加活动，当客人到来或者告别时，应与所有客人一一握手。

（6）当别人获得好成绩、奖励或者有其他喜事时。

（7）当接受别人馈赠的礼品之时。

（8）灵活地运用握手艺术，能够让你的社交活动更加融洽。

3. 拱手礼

拱手礼在现代社会中已不常用，它是我国古代的一种重要礼节。行拱手礼的时候，没有尊卑上下之分，需要拱手齐眉，自上而下。拱手礼又被称作长揖，用双手合抱以示敬意。目前，我国使用拱手礼的场合主要有下面三种。

祝贺：祝贺寿辰、乔迁、升官、发财、升学或者其它喜事时，可行拱手礼。尤其在祝贺寿辰之时，仍被很多人所采用。

关照会：某个组织或者企业的主要领导者，为了谋求得到其他单位、社会各界的关心与支持，常常拱手致敬，请求得到大家的关照。

团拜会：逢年过节之时，机关团体、社会组织或者企业公司内部的成员齐聚一堂，共同庆祝可用拱手礼，有的领导干部深入到职工中间以拱手礼恭贺节日快乐。

青少年朋友一般不使用拱手礼。

有些青少年在很多场合有一些很不雅观的手势习惯，例如大手笔地随意挥手、捻指、用手指指点他人等等，这些青少年应当仔细体味上述内容，纠正不良的手势习惯。

拱手礼仪

捻指就是用手的拇指与食指弹出"叽叽"的声响。捻指的含义很复杂。往往令人难以揣摩。有时表示高兴，有时表示心烦，有时还被看作是轻浮的动作。在陌生人面前或者在不熟悉的场合，随便就打捻指会让人觉得没有教养；即使是遇到熟人，打捻指也会使人感到很不舒服。

用手指去指点他人是一种很不礼貌的行为。在谈话时，用伸出的手指向他人指指点点是轻蔑与瞧不起对方的一种表示。如果用手指向别人的脸，这分明是一种侮辱性动作。

举止文明，适度得体

举止文明是青少年社交礼仪的一项极其重要的内容。文明的举止必须要首先满足下列几条基本原则。

第一，敬老爱幼。有一位著名的哲学家曾经说过："年老受尊敬是出现在人类社会里的第一种特权。"尊敬老人是中华民族的优秀传统，社会中的每一个人都应该尊敬老人，青少年更应当如此。

青少年在走路、在乘坐车船时，一定要主动帮助老人和儿童。特别是与老人或长辈在谈话时，一定要有文明的举止，要尊重他们的意见。在家里，不能够顶撞父母和老一辈。即使他们有时讲得不对或者做得不妥，也应当心平气和地向他们做出合理的解释，决不可以大吵大闹。

第二，注意礼让。路上遇见熟人、同事或者朋友时，要主动地上前打招呼问好，不要装作根本就不认识或者看不见；也不要显得唯唯诺诺、缩头缩脑。询问或者请求他人帮忙或者做某件事时，一定要用十分客气的语气。事后要表示感谢。

在公共场合，一定遵守公德、遵守公共秩序。不要摆出一种玩世不恭的样子假装潇洒，也不要显得十分呆板、没有朝气，举止要得体。

第三，女士优先。女士优先是举止文明的一个十分重要的内涵。女士优先并不单纯是指顺序上的优先，而且包含着尊重女士和帮助女士的意思。

在发表演讲时。开场白总是要先说"女士们"，再说"先生们"；在上车时，总是要让女士先上，并且主动给予帮助；进入剧场或者电影院，女士先行，男士走在后面稍稍举起入场券向检票员出示。与女士同行，男士要帮她拿手包以外的物品，遇到下雨时，男士应当打伞为两人遮雨。但在下楼梯时，男士在前，因为万一发生什么事故，男士可以设法保护走在后面的女士，同时也防止万一男士滑倒，会冲撞走在前面的女士，这一点与"女士优先"的原则仍然是统一的。

青少年在遵照以上三条原则的同时，还应当知道哪些是不文明的举止，从而使自己能够及时地检查自己的行为举止，及时地纠正不文明的举止。

一般而言，在与人交往的过程中，特别是与人交谈时，应避免下列不文明的举止：

1. 摇头晃脑，挠头摸脑。

这种不自然的动作既不卫生，也不雅观，反倒显示出自己的拘束和畏缩。别人会根据这一举止认为你缺乏社会交往的经验。

2. 动作随便，抖动腿脚。

有很多青少年一点也不注意自己的言谈举止，随意在公众场合做出各种动作，摸摸栏杆、踢踢墙壁，显得很没有教养。有的青少年认为在众人面前抖动腿脚能够帮助自己消除紧张情绪。然而，这是一种很不文明的举止，别人会认为你是一个缺乏自信心的人。

3. 坐立不安，揉鼻挖耳。

在日常生活中，站没有站相、坐没有坐相的青少年大有人在，更有甚者，有的青少年在站立或者坐在椅子上的时候，浑身好像受了某种刺激一样，显得极不自在。摸摸鼻子、捏捏耳朵的现象也时有发生，有的甚至还用手指去挖鼻孔、掏耳屎，让人很反感。

举止潇洒，运用自如

潇洒的举止能够显示出一个人的风度与气质，能够更好地塑造出一个人的形象、展示他的内在魅力。

潇洒的举止不是装腔作势，也不是故作姿态，而是从容不迫地应付自如，显得十分自然，十分大方。

对男士而言，举止潇洒就意味着举止要有阳刚之美，充满阳刚之气。在与人交往过程中，男子应当表现出刚劲威武之态、强壮英勇之势，给人一种强壮有力的美感，而不是装模作样，更不是忸怩作态。

对女士而言，举止潇洒意味着举止要优雅得体。在公开场合，女士的举止一定要自然大方，不要故作忸怩之态；要显得十分稳重，不可以表现出虚浮之气。如果有人向你伸出友善之手时，女士应当落落大方地与之相握，不要显得十分迟疑或者当场拒绝。女士表现出女性的温柔、娴静之美在社交场合是十分必要的，动作应当轻柔自如，但不可以轻佻，更不可以挤眉弄眼。

一般来说，跳舞是男士主动邀请女士，当舞曲响起后，男士应听清是什么样的舞步，在掂量自己能否娴熟起跳之后，再走到女士面前，面带微笑地邀其跳舞。作为女士，不可以随便拒绝邀舞，如果确实不得已，那么也应当婉言相拒："对不起，已经有人相约了"、"对不起，我累了，想休息一会儿。"作为男士，面对拒绝，要坦然对待，不要强迫对方或者叽叽咕咕地表示不满。

青少年参加社交活动的机会随着社会的发展会越来越多，只有在加强自己内在修养的基础上逐步做到举止潇洒，才能够得到，更多人的认同。

教室中的礼仪

对学生来说，两分钟时间的课前准备是从室外活动转入室内活动的一种过渡，也是从上一堂课转向下一堂课的一种过渡。它能够帮助学生使自己的思想尽快地集中起来。每位同学都能做好上课准备，既是尊重别人，也是尊重整个集体的表现。因此，学生应该在课前两分钟内进入教室，端庄地坐在教室里恭候老师的到来，这本身是一种应有的礼貌，也是对老师的尊敬。教室是学生学习的主要空间，学生应当特别注意教室中的礼仪规范。

1. 课前要准备好学习用具，文具盒要放在桌子左上角。书本放在桌子中间。在教室中要保持一种严肃而又不失活泼的气氛，不要太活跃，也不要太死板。

2. 上课铃响后，要立即进入教室，安静而且端正地坐在自己的座位上。教师进入教室时，班长或者值日生要喊"起立"，当教师走到讲桌前时，全体同学应当齐声问候："老师好！"等老师回答"同学们好，请坐"后方可坐下。

3. 如果遇到特殊情况，学生上课迟到应当特别注意举止的文明和周到的礼仪：

在教室门口，应当先停下脚步，首先喊"报告"，在得到老师的允许之后才能进入教室。如果教室的门关着，那就应该先轻轻叩门。

要诚实地向老师说明自己迟到的原因，说话时要简明扼要，态度要诚恳。在得到老师的允许之后，方可入座。

在走向自己的座位之时，脚步要轻，速度要快，动作幅度要小；走到座位前，在放书包和拿课本时，尽量不要发出大的响声。

4. 遵守课堂纪律，聚精会神地听老师讲课，不受任何外来因素干扰，精力保持高度集中，能够准确地、完整地记录老师的讲课内容，认真做笔记。一定要保持课堂安静，不随意讲话，预习自学，询问质疑、相互讨论之时，一定要认真思考，积极发言。

5. 要懂得老师提问的积极意义，要有礼貌地对待老师提问。

当老师提问时，学生如果要回答问题或者有问题要发问，应该先举起右手，在老师叫到自己的名字时，方可站起来回答问题或者发问，不要坐在自己座位上就七嘴八舌地发言。在老师没有点到自己的名字时，也不要抢先答话。

在起立回答问题时，姿态要文雅，表情要大方，不要抓耳挠腮，或者故意做出滑稽的举止引人发笑。说话时，声音要清楚明亮，不要过低，以免使老师和同学听不清楚。

如果被点到名以后，回答不出老师提出的问题，自己应该站起来，用抱歉的语调向老师表明，这个问题自己回答不上来。

当别人在回答老师的提问时，不要大声喧哗或者唧唧咕咕，也不要随便插话。如果别人回答不出来或者回答错了，不要讥讽或者嘲笑，也不要马上就脱口而出，只有得到老师的允许以后，再站起来回答问题。

6. 能够自觉地做到当天复习当天的功课，复习过程要有明确的目的，每次都要按时按质地完成各科作业，要独立地去完成作业，并且做到书写规范、作业面整洁干净。要充分利用上自习课的时间，抓紧复习、抓紧完成作业。

上自习课的时候，也要做到不迟到、不早退、不缺勤，不要在自己课上交头接耳、大声喧哗，更不要影响他人的正常学习。不私自离开教室、不下座位，不在教室里来回走动，严格遵守自习纪律，不看与自习课内容无关的报纸杂志。

认真进行早读，按教师的要求去完成早读任务，做到眼到、心到、口到、不说闲话，遵守早渎纪律。

7. 要注意维持教室卫生，要经常打扫和清理教室，当好值日生。

8. 如果老师在课堂讲课时出现了错误，学生可以在适当时间委婉地提出来，态度要诚恳，要谦和，语气不生硬，更不可以讥笑老师，甚至让老师当场难堪。

总的看来，学生一定要遵守课堂纪律，一定要维护教室中的各项规章制度。特别是要把教室作为班集体来很好地进行建设。

教　室

课外活动中的礼仪

学生除了通过课堂教学去专门地获取文化科学知识之外，课外活动是他们增长知识、提高品德水平、锻炼身体素质的又一种重要形式。学校认真组织学生的课外活动，是学校教育的重要方面。在现代社会，社会生产和科学技术的迅速发展，社会交往的日益广泛，对每个人的发展既提出了更高的要求，也提供了更多的条件，对学生来说，也就意味着有了更加丰富多彩的课余生活。现代教育理论和实践都十分重视学生课余的校内校外活动。苏联著名教育家苏霍姆林斯基认为课外活动是学生"智力生活的策源地"，通过课外活动能够使青少年迈上科学思维的道路。

课外活动指的是学校在课堂教学任务以外有目的、有计划、有组织地对学生进行的多种多样的教育活动。它是学生课余生活的良好组织形式。课外活动与其他的教育形式一样，都是为了实现教育目的，促进学生的身心发展，将他们培养成为全面发展的社会主义建设人才。课外活动又被称为学生的"第二课堂"，它有多种多样的组织形式，在每一种组织形式之中，学生都应当遵循一定的礼仪规范。课外活动主要包括三种组织形式：群众性活动、小组活动、个人活动。群众性活动具体包括报告和讲座、各种集会、各种比赛、社会公益劳动以及各种参观、访问、调查与旅行。小组活动具体包括学科小组、技术小组、艺术小组和体育小组。个人活动指的是学生在教师指导下进行课余独立作业的活动，主要包括课外阅读、独立观察实验、制作模型、进行艺术创作。在所有的这些活动之中，学生只有懂得其中的礼仪规范才能够更好地参加这些活动。

1. 参加课外活动的时候，学生应当讲究礼仪。服饰应当以干净、朴素、整洁为原则，不要在衣着上追求华丽、追求时髦，更不可以穿奇装异服。

男同学的发式应以理学生头、理短发为宜，这样给人一种富有朝气的感觉。女同学的发式应以理短发，梳辫子为宜，这样给人一种清新活泼的感觉。

在校内，学生应当穿球鞋、布鞋或者普通皮鞋，不宜穿高跟皮鞋。

在校内，绝对不允许学生佩戴金银首饰。学校历来是提供清廉和节俭的地方，如果学生穿戴华丽、满身珠光宝气，会显得没有教养，既违背学校的教育目的，还会使其他学生产生虚荣心，不利于学生的健康成长。

2. 爱护校园环境，维护校园整洁，不随地吐痰，不在校园内乱扔果皮纸屑。保持厕所和下水道的卫生。

无论是参加集会，还是参观访问；无论是参加各种比赛，还是搞调查活动、外出旅游，都应该讲究卫生，不但要讲究个人卫生，还应当极力维护公共卫生。

3. 在课外活动中，要注意爱护校舍和各种公共财物，不得在黑板、墙壁、门窗、课桌椅、布告栏、值周黑板等地方涂抹或者乱写乱刻。更不许用脚去踏门、踩墙。

要培养勤俭节约的品质，要爱护科学实验仪器、用具和药品，不攀折花草树木，不横穿草地，爱护校园内的一草一木。

4. 不打架骂人，不说污言秽语、不吸烟、不喝酒、不吃零食。有了错误要主动承认，要学会对别人说：谢谢，对不起，没关系。不看内容不健康的书籍，不听不健康的音乐。

不在教室门口和楼道内大声喧哗、相互追逐、打扑克，玩游戏以及进行体育活动。

不准在楼内打闹、起哄或者放鞭炮。

不准在校内滑行自行车。自行车应当按要求停放在指定的地点。

5. 只能在运动场上进行球类活动，不要在房屋周围以及道路上进行各种球类活动，不准在篮球场上踢足球。

在进行体育运动时，不要敞胸露怀，也不要胡乱冲撞。

观看体育比赛时，要遵守纪律，做文明观众。

参加体育比赛时，要遵守赛场纪律，要有崇高的体育道德风尚。

6. 一定要坚持出早操、课间操。出操时，教室要关灯、锁门。学生上操时，走出楼门后要跑步到操场，集合时要做到快、静、齐，做操时要用力，要合住节拍，姿势要正确。

7. 升国旗、奏国歌时要立正，要行注目礼或者少先队礼。

8. 未经允许不得带外人进入校园。

由此看来，在丰富多彩的课外活动中，无论是哪一类活动，都需要有一定的礼仪规范来作出要求。例如，学生要进行课外阅读，就必须要到图书馆去借书，到阅览室去阅览。学生到阅览室去看书时，一定要有礼貌地对待图书管理人员。要保持阅览室内的整洁，不随地吐痰，不扔果皮纸屑。要保持安静，不得喧哗，以免影响他人的阅览，要爱护室内图片和设备，不得在书上乱画乱圈，而且阅览室陈列的报纸杂志一律不得拿出室外。

课外活动

遵循了课外活动中的礼仪规范，就能够更加融洽地参加到这些活动之中，这样一来，课外活动在促进学生的全面发展、培养学生的独创性方面就能够发挥其应有的作用。一个讲究礼仪的学生一定可以不断地扩大自己的活动领域，从而使自己与社会联系更加紧密。一个能够得到大家认同的学生就会不断地激发自己的兴趣爱好，这在培养自己的开拓精神与创造才能方面能够起到极大的推动作用。

课外活动可以为那些讲究礼仪的学生提供一个更加广阔的展示自身才能的天地，可以使他们进一步认识自己的特点，看到自己的力量。当他们的人际交往在不断增多之时，他们就能更加广泛地接触社会，接触自然，接触科学技术，特别对那些有文艺特长的学生而言，他们在文艺方面的爱好与兴趣就能够不断地得到激发与巩固。

师生交往中的礼仪

师生交往是学生人际关系中的一个重要方面。教师，是传递和传播人类文明的专职人员，是学校教育职能的主要实施者。今天，教师已经成为推动经济发展和社会进步的重要力量。学生的发展离不开教师的谆谆教导，教学过程就是教师引导学生进行学习的一种认识过程。师生关系中，教师始终发挥着主导作用，因为教师是教育者，他受社会的委托、代表社会的利益、执行着社会对教学的要求。在师生互动的过程中，学生的主观能动性发挥着十分重要的作用，学生不只是教学的客体，而且是学习的主体。这也是说，教师传授的知识与技能，施加的思想影响，必须要经过学生自己的观察、思考、练习和自我修养以后，才能够转化成为他们的知识与品德。

在师生交往中，作为教师，应该关心学生的学习、思想、生活与身体。应当具备一种学而不厌、诲人不倦的品质。对待学生要一视同仁，对后进生和犯过错误的学生应当进行耐心地开导、晓之以理、动之以情，使他们丢掉思想上的包袱。作为学生，一定要有礼貌地对待辛勤工作的老师，要理解老师的心理，要尊重老师的劳动，应当拥有一种虚心学习的思想品质。

在与老师的日常交往中，要主动帮助老师做一些力所能及的事情，要表现出一种良好的精神风貌。

一般说来，师生交往中，学生应当遵守的礼仪规范有如下几点：

1. 学生要尊重老师的劳动。

上课时要专心听讲，不扰乱课堂秩序，不搞小动作，不看与学习内容无关的书。

按时上课，按时下课。提前两分钟进入教室，听到上课铃后，要安静地坐在座位上，静候老师的到来。当老师走进教室时，班长或值日生要声音洪亮地喊"起立"口令，全体同学要起立站直，向老师问好，当老师回礼以后方可坐下。下课铃响以后，全体同学要向老师行注目礼，待老师离开讲台后，才可以自由行动。

在课堂上，如果有问题要发问时，不要坐在座位上信口开河，应当先用笔记录下来，待老师讲授结束后，再举手提问；或者在课后向老师请教，不可以随便打断老师的讲课。如果老师讲课过程中有不当或错误之处，更不可以当堂指出。

要认真完成老师布置的作业，对老师批改的作业，要虚心接受。如果对老师批改的作业有不同意见，可以个别地与老师一起共同商讨。对老师批阅过的试卷也应采取这种处理问题的态度。

2. 学生与老师谈话时要有礼貌。

学生与老师谈话时，表情要自然，语气要亲切，态度要诚恳。在谈话开始时，学生应当主动地请老师落座，如果老师不坐，学生也应该站着与老师说话。

在与老师谈话时，不可以东张西望，也不可以抓耳挠腮，应该保持一种端正的姿势。学生应当双目凝视老师，专心致志地听老师说话。

学生应当尽量去理解老师的谈话内容，如果不理解老师说的话，或者有不同见解，学生应当主动地、诚恳地向老师请教，一定要弄明白，搞清楚老师的意思。

学生与老师的谈话要注意场合，也要注意老师的表情变化。

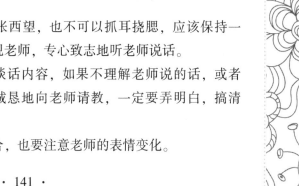

3. 学生进老师的办公室要讲究礼貌。

师生在日常交往中，会涉及生活与学习中的很多问题，学生有时会到老师的办公室去汇报情况，请教问题或者商量事情。

学生在进入老师的办公室之前，应当喊"报告"，如果办公室的门关着，还应当轻轻叩门，将老师允许以后，才可以进入。

汇报情况时，应当简明扼要、言简意赅，还应当把问题汇报清楚。

请教问题时，态度要诚恳，要把问题表达清楚，并且还要征询老师的意见。

如果老师正在休息，就不要去打扰他，以免影响他的时间安排。

4. 要理解老师，要关心老师。

对老师的严格要求和批评教育，要虚心接受并且努力按照要求去做。如果老师批评错了或者与事实有一定出入，也不可以顶撞老师，应当平心静气地向老师解释清楚。

老师生病的时候，要多加照护，要经常去探望，对年老体弱的老师，更应当帮助他们做一些力所能及的事。

在路上遇见老师，应当主动地上前打招呼，进出门口或者上下楼梯时应让老师先走。

同学交往中的礼仪

同学在一起朝夕相处，友谊是使他们在一起共同生活的一条金线。同学之间相处得是否融洽对他们自己的学习与生活会产生至关重要的影响。在生活中，人们需要相互合作；在校园中，更需要同学之间的彼此合作。良好的人际关系，不但可以使人感受到快乐，而且能够使人获得成功。

即使一个人在小时候很有才华，在学校中的学习也很出色，如果他不善于同人合作，不善于搞好同学之间的关系，他的社交能力与合作能力就不会得到相应地提高与锻炼。等他长大以后，在社会中与人交往时，就会时常遇到挫折，总感到不顺，才华也不会得到发挥。

在我们的学校中，却存在着另外一种类型的人，这种人的学习成绩也许并不非常优异，而且还可能成绩平平，但他却很善于搞好同学之间的合作关系。这种人将来走入社会以后，由于很善于处理人与人之间的人际关系，处处都会受到别人的欢迎与认可，这种人不但拥有一种快乐的心情，而且在事业上还会蒸蒸日上。

从这种对比中不难发现，同学之间搞好关系对一个人的成长与发展而言；起到了十分重要的作用。难怪有的社会学家认为，一个人的成功与否，他的专业知识与技能可能只占30％。其他的70％应当归功于他的人际关系。

1. 同学之间要和睦相处。

同学之间要平等相处，尤其是男女同学，不要随便开玩笑。同学之间不能够打架、骂人、不能够伤害别人的自尊心，不嘲笑生理上有缺陷的和学习上后进的同学，对先进的同学不要打击讽刺。

同学之间要互助友爱，彼此之间要树立一种共同进步，共同提高的思想。同学之间要互相帮助，对学习上、生活上有困难的同学，要热情主动地给予帮助。同学生病要前去探望，家里有困难，要想办法帮助解决。劳动的时候，男同学要帮助女同学，大同学要帮助小同学。

同学之间的交往要讲究礼貌。不起侮辱性的绰号，不开恶作剧的玩笑。老同学要关心新同学，大同学要爱护小同学。进出教室时要互相谦让，不要妨碍别人的学习。损坏别人的书本、文具，要主动道歉，必要时要负责赔偿。

当同学之间发生矛盾时，要心平气和地摆事实、讲道德，不要意气用事，不要出口伤人，更不能够动手打人。

2. 同学之间的谈话要注意礼节。

谈话是交流思想的主要方式。同学之间的谈话能够增加了解，增进友谊，增长知识。同学之间的谈话要注意态度，要注意谈话的内容。

1. 同学之间是相互平等的，彼此之间谈话的态度要谦虚、要诚恳、语调要平和。说话时千万不要装腔作势或者盛气凌人。听别人说话时，态度要认真，精力要集中，不应表现出无精打采或者漫不经心的表情，更不应轻易就打断别人的谈话。

2. 如果同学在谈话的过程中，出现失误或者说法欠妥，应该在不伤害对方的自尊心的前提下，委婉、恳切地指出来。

3. 谈话的内容要真实、健康，自己对某一个问题或者事物的看法要实事求是，不要胡乱地恭维别人，也不要随意地伤害别人。不要说不文明的污言秽语，不要传播谣言。

公共场合中的礼仪

公共场所是大家共同生活的地方，是否能够维护公共秩序、讲究公共道德可以一定程度上反映出青少年学生的礼仪修养。

公共场所的人口密度大，活动频率高，因此，在公共场合中要养成文明的公共生活习惯。对于一个生活在城市中的青少年学生而言，公共场所主要包括居民住宅小区、商店、体育场、电影院、商场、餐馆、公共交通车船等等。

1. 在公共交通车船上

购买车、船票以及等候车、船时，要自觉排队，按先后次序购票上车上船。要主动为老弱病残、孕妇以及抱小孩者让座，不要抢占座位，更不要为别人占座，如果在拥挤时不小心碰撞到他人，应当主动向对方道歉；如果被别人碰撞，也要主动谅解他人，不要因为一点小事就争吵不休。

要做文明乘客，上车、上船以后应当主动向里移动，不要站在门口。对乘

公交车

务人员要有礼貌，要尊重他们的辛勤劳动，并且主动配合他们维护好车船内的公共秩序。遇到乘车高峰时不要一哄而上，更不要强行扒车。夏季乘船坐车时，不应当只穿汗衫背心，不应当打赤膊。要注意维护公共车、船上的公共卫生，爱护车、船上的公共财物。

下车、下船之前，要及早做好准备，及时地向门口靠拢，要主动向乘务人员出示票证。一定要等车、船进站停稳之后，再有秩序地快速下车，要主动地扶老携幼，帮助他人。

2. 在街头马路上

青少年学生一定要遵守行路规则和交通规则，步行要走人行道，横穿马路要走过街天桥或地下通道。

骑自行车上学或者回家时，要严格遵守交通规则，不抢行，不逆行，不准骑车带人，不闯红灯，要主动避让马路上的行人，不要成群结伙在马路上骑飞车，也不要追逐机动车辆，更不要把自行车随意停放在路口或街头。

向别人询问道路时，态度要谦和，言辞要客气，询问后要表示诚挚的谢意。别人向自己询问道路时，回答要准确，不知道时不要乱指示，更不要装出一副不理不睬的样子，尤其是外地人在向你问路的时候，千万不要玩恶作剧。

不要在街道上、马路上玩游戏、玩皮球、滑旱冰，不要长时间地站在道路当中与人交谈。路上如果发生了争吵或者交通事故。不要围观，要主动告诉人民警察。走到人群十分拥挤的地方，要有秩序地依次通过。不要几个人一起并肩行走。当别人不小心碰撞了自己或者踩了自己的脚。要学会谅解别

公路上

人，不要争吵。

要维护马路上的环境卫生，不要乱扔果皮纸屑、乱扔废物杂物。要爱护公共财物，不要损坏或者破坏公共财物？不要乱贴乱画。

要讲究公共道德，维护正常的社会秩序。要敢于同违反社会公德的现象和行为作斗争，应当主动站出来主持公正、见义勇为，不能够袖手旁观或者围观起哄。

3. 在会场、体育场和影剧院

无论是参加集会，观看体育比赛，还是观看电影和各种演出，都应该做一个文明观众，应表示出一个学生应有的礼仪素养，不要做那些不礼貌的行为。

参加集会时要提前到达按时进场，如果确实因为有事而迟到，应当主动向会务人员说清理由，并且找个适当位置轻轻坐下。

开会时，一定要保持会场里的肃静，要全神贯注地听报告、看演出、不要左顾右盼、窃窃私语，也不要大声喧哗，更不要在会场里来回走动。不要看书看报或者做其他事情，也不要早退。

当讲演者讲到精彩之处，或者集会结束时，应当鼓掌致谢，不可以起哄，鼓倒掌。会议结束后，要按顺序依次地退出会场，不要一哄而散。

到体育场去观看体育竞赛时，要自觉遵守体育场的规则。入场之后，不要争位子、占地盘，要在指定的位区、固定的座号上坐好。不要在体育场内来回走动，不要横穿球场，不要与自己的伙伴在体育场内追打逗乐。要听从指挥，不得妨碍运动员和场内工作人员的比赛、休息和工作。

要做文明观众，要热情，公正地观看比赛，不要偏袒其中任何一方。千万不要只为一方或者较强的一方喝彩

剧院内

叫好，而对另一方或者较弱的一方吹口哨、喝倒彩。

要支持运动员的表演，即使他们的技术水平发挥失常或者出现失误，也应当对他们持有一种谅解和支持的态度。要支持裁判员的工作，尊重裁判，不要对裁判起哄，即使裁判有失误之处，也应当冷静对待。

要注意维护体育场内的环境卫生，保持场内清洁。

要按顺序依次退场，不要争先恐后地一哄而出。

到影剧院观看电影或者演出时，要凭票按时进场，要对号入座。入座时，如果同一排已经有人落座，在要求相让的同时，应当点头致意，或者说一声"对不起"、"麻烦了"。

观看时，坐姿要端正，不能够东倒西歪、左右晃动，应当摘下帽子，以免挡住后面观众的视线。要保持安静，不要高声喧哗。

要尊重演员的劳动，每个节目的演出结束时，应当热情鼓掌。即使演出不太令人满意或者出现差错，也不得喝倒彩，不得起哄、吹口哨或者发出嘘声怪调。

要爱护影剧院的公共设施，不慎损坏时，要主动向影剧院道歉、赔偿。

如何在集体宿舍中生活

每一个学校都会有自己学校的宿舍制度，可你是否遵守自己学校的制度呢？宿舍作为学生的暂时的住所，可以让同学得到良好的休息。而较好的休息又有利于提高学生的学习效率。另外，在创造良好的宿舍环境时，也可以培养同学互相友爱、相互团结的精神。因此，住宿舍的同学都应该遵守以下几点：

（1）遵章守纪，模范遵守学生宿舍的管理制度，不做学校禁止的行为。

（2）互相尊重，互相关心，团结友爱。自觉遵守宿舍生活秩序，按时就餐、起床；上下床动作轻，拿东西声音要小，上铺翻身要轻，下铺要多给上铺同学方便。有事回来晚了应先说一声"对不起"。

（3）讲究卫生，爱护集体荣誉。平时注意搞好个人卫生，衣服要勤换洗，床铺勤打扫，被褥叠整齐，用具摆放合适。不随便在他人床上坐卧，未经允许，不随便挪动翻看他人物品。

（4）当学校有关人员进入宿舍时，学生应主动起立，问好、让座、热情交谈，当客人告辞时应以礼相送，并说"再见"或"欢迎再来"，回到宿舍后，应轻轻关门。

（5）关心集体，自觉参加值日工作。主动搞好公共卫生，保持宿舍内整洁美观。清理的垃圾及时倒入垃圾通道内，不要堆放在走廊过道处。不在宿舍内吸烟。不往楼下扔杂物，泼污水。

宿 舍

（6）同学之间互相团结，互相帮助，和睦相处，对有困难和生病的同学要多关心照顾，同学间有了小矛盾要互谅互让，严以律己，宽以待人。

（7）在宿舍内不大声喧哗、打闹、跳舞、踢球，放录音机音量适宜，不要影响他人休息。

（8）爱护公共财物，养成节约用水、随手关水龙头、关灯、关门窗的好习惯。不在墙上乱写、乱画、乱钉；不向窗外、走廊泼水、乱扔果皮杂物；不往水池、便池内倒剩菜剩饭。

（9）讲究文明礼貌，以礼待人。当老师、家长或其他客人来访时，应主动向客人问"好"让座。交谈时声音不要过高，时间也不宜过久，如果被访者不在，应尽快帮助寻找，找不到时应让客人留言事后应及时转告。

最后，为了自己和他人的安全，不在宿舍乱拉电线或者乱用电器，不留外人在宿舍过夜。一个宿舍就是一个小集体，在和其他宿舍成员相处的过程中要真诚，要相互友爱，要尊重别人的生活习惯，创造良好的生活环境。

在学校升旗的时候应怎样做

国旗是一个国家的象征和标志。我们要以自己是一名中国人而感到骄傲，我们要为我们的五星红旗而自豪。升国旗就是一件庄严而神圣的事情，因此，在升旗的时候我们需要注意以下事项：

（1）出旗时，着装统一的旗手和护旗手庄严大方地正步向前走向旗杆。在此过程中，在场的全体师生要脱帽，立正站立，神情庄严地注视旗手手持国旗，在护旗手的护卫下正步走向旗杆。

（2）升旗过程中，在场的全体师生都必须脱帽，立正站好，向国旗行注目礼，随着国歌的奏响，可以随着

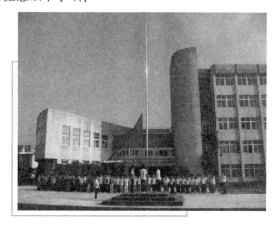

升旗仪式

唱国歌，也可以行注目礼。在整个过程中，听到升旗口令，国歌奏起，全体师生都要严格要求自己，决不能大声喧哗或者来回走动。

每一个同学都要热爱自己国家的国旗，尊重国旗，在遇到升旗仪式时，无论自己在做什么，都要停下来向国旗行注目礼，培养自己的爱国精神。

参加体育比赛时应如何做

参加体育比赛时候，同学们应该本着"友谊第一，比赛第二"的准则，在拼尽自己的全力，挑战自己的极限的同时，和其他同学一起进步。

我们在参加体育比赛的过程中，难免会遇到平日一起相处的同学。此时，只要尽了自己的努力，不管是输还是赢，都应该给自己，也给对手一

个真诚的微笑。因为，一个真正具有运动精神的人，是决不会以成败来论英雄的，他们看到是蕴藏在运动中的能量和精神。

此外，当你在比赛中失去一些有争论的分数，不要和裁判争论。因为，你的行动向对手和观众证明了你的实力；如果你在场上受伤了，假如不是很严重的话，那么就应该站起来勇敢地继续比赛。这样你就可以充分展现你的风度和体育精神。

如果在体育比赛中你不是选手，而是观战者。那么，你应该注意以下问题：

（1）观看比赛时，不吃带响声的食品；不大声喧哗，切忌起哄、吹口哨、怪声尖叫、喝倒彩、扔东西。

（2）比赛过程中照相不能使用闪光灯；规定禁止照相的应遵守。

（3）观看体育比赛时应热情地为运动员加油，比赛结束时，要向双方运动员鼓掌致意。

（4）衣着整洁，举止文明，观看比赛时不随意乱扔垃圾。

（5）每项体育比赛都有一套固定的观赛原则，作为观众应提前了解该赛事的相关知识，才不会盲目观赛。

如何参加开学典礼

学校每次开学的时候都会举行开学典礼，而开学典礼就是学校送给学生的第一份礼物。此外，开学典礼也是学校对学生进行入学教育的第一课，不仅可以使新生了解学校的历史、现状，而且可以使新生明确学校的培养目标和管理制度，明确学校学习生活的特点，为了尽快适应在校学习和生活做好思想准备。同时，对老生来说开学典礼也起到教育规范的作用，让学生明白本学期的学习任务、学校的要求和本学期开展的活动等。

开学典礼仪式程序一般是：先进行升国旗仪式；然后主持人宣布典礼开始；接着领导讲话，老师代表讲话，学生代表讲话。开学典礼是入学后参加的第一项集体活动，因此，无故不要缺席，不要迟到，应随班集体提前到达会场，到指定位置就座。在主持人宣布开学典礼开始或介绍学校各级领导和来宾时，在领导及教师、学生代表发言时，应适时地报以热烈掌声。奏《国歌》时，要听从主持人的指挥。原地起立，呈立正姿势。整个过程，要注意认真听讲，不要交头接耳讲话，不要干与典礼无关的事情。不要随地吐痰，不要乱扔杂物，保持会场的清洁卫生。

在开学典礼结束后，要听从主持人的指挥，不要匆忙地离开会场，应等主席台上的领导、来宾退席后再退场。

在毕业典礼上要怎么做

毕业典礼是学校为毕业生举行的隆重的毕业庆典仪式，是学校对学生进行毕业教育的最后环节。通过毕业典礼，毕业生可以牢记学校老师的希望和嘱托，信心百倍地投入到新的学习环境中去。

毕业典礼是同学们在校期间参加的最后一次学校性集会，在即将离开母校之际，你的心情将是如何呢？首先，我们一定要认真对待，积极参加，不要无故缺席。要严格遵守会场纪律，切不可因为即将离开学校就随随便便，无所顾忌，破坏良好的会场秩序，要给母校，给老师留下一个美好的印象。在典礼上，校领导、教师和学生代表发言时，在毕业生代表接过校领导授予的毕业证书、荣誉证书时，在毕业生先进个人、先进集体代表登台领奖时，都要适时地鼓掌表示欢迎和祝贺。要以留恋、严肃、认真的态度开好毕业典礼，在结束时，要等主席台成员退席后，要按照要求有秩序地退场。

如何与邻居友好相处

在我国有句俗话叫"远亲不如近邻"。现在，随着人们生活水平的提高，人们纷纷从平房搬进了楼房，邻里之间的距离也越来越远。然而，不管我们居住在哪里，还是应该和邻居保持好关系。其实，大家住在一起，都希望处理好邻里关系，相安无事。可仍有不少人家事与愿违，经常为一点小事，或为共用厨房、公用厕所，或为孩子打架等产生纠纷，甚至反目。

而凡是与邻居保持良好关系的家庭，大都比较讲究邻居礼仪。

邻居礼仪有许多讲究，最基本的礼仪有以下两点：

（1）彼此尊重。一栋楼或一个院子里，住着各种各样的人。但不论从事什么工作，无论职位高低，每个人在人格上和法律面前都是平等的。因此，大家应彼此尊重，见面时互相问候，至少应点头致意。邻里之间同居一处，容易了解各家的生活习性。但千万不要打听人家的隐私，更不要东家长、西家短，或捕风捉影，搬弄是非，以免邻里之间产生矛盾和纠纷。

（2）互相关照。住户之间为邻居，生活在一个共同的空间之中。大家应讲究社会公德，注意维护环境卫生，合理使用院内天井和楼道空间。公用电灯坏了，立刻买新灯泡换上；楼梯脏了，及时打扫干净。做一些事情或娱乐时，要为邻居着想。例如，不要在隔壁邻居午休时，往墙上敲敲打打；晚上听歌曲或音乐，不要把音响的声音开得太大，以免影响邻居的生活和休息。

邻里之间要相互关照，有事互相帮忙，而不要以邻为壑，"老死不相往来"。见邻居换液化气罐，不妨搭把手帮忙抬上楼。当邻居家夫妻吵嘴、打架，闹得不可开交时，作为关系不错的邻居，不要袖手旁观，更不能火上浇油，而应当酌情劝架，积极做调解工作。

亲人之间也要讲礼貌

在很多人看来，每天都与家人相处在一起，亲人之间的关系必然是密切的，难道也用得着客套，用得着讲究礼仪吗？这会不会是假客气呢？

很多同学都清楚，在陌生人之间或对待家庭成员以外的人，用礼貌的态度待人，讲礼貌的话是很有必要的。在这种情况下，他们也会自觉地注意礼仪修养。但是对自己的家人或熟悉亲近的人，似乎就没有讲礼仪的必要了。这种观念当然是错的。家人之间虽然存在特殊的亲情联系，但一样有讲礼貌的必要。这不是什么虚情假意，也不是什么"假客气"，而是对家人真心诚意的尊重。

坦率地说，有相当一些中学生对家人往往不讲礼貌，不注意尊重父母长辈。例如在家不喊爸爸妈妈，不喊爷爷奶奶，只是随口"喂，喂"地叫唤；家人正在津津有味看电视，遇到他不喜欢的节目，也不征得大家同意，便自作主张，更换频道；父母劳累了，需要安静休息一会儿，他却把收录机开得震天响，满屋子都是强烈的迪斯科音乐；父母身体不适时，不关心，不体贴，不知问寒问暖；有些同学在家简直就像一位土皇帝一样，自己能干的丁点小事也要指使家人干……

当然，对父母长辈与兄弟姐妹来说，他们一般不会与你斤斤计较这些，但如果长此以往，就会无形中伤害、刺痛他们的心，影响他们的情绪，也影响了他们的工作、学习，使你与他们之间产生隔阂，导致家庭不和睦。

假如我们每人与家人都能互相体贴关心，彼此宽容体谅，处处以礼相待，那家庭生活一定会充满温暖，充满欢声笑语。

家庭是我们人生的第一个港湾，我们在其中受到孕育，受到庇护，并开始了航行人生大海的准备。从这个意义上讲，家庭生活也是社会生活的提前训练。只有从家庭生活中，从与我们最亲最近的家人相处中，开始学习做人的礼貌，不断提高自己的修养，养成文明的习惯，才可能进而在社会上做一个文雅、得体和备受欢迎的人。

学会尊重对方

青少年学生在与别人交谈时，一定要有礼貌，态度要诚恳、语调要平和，不要有低人一等的心理，更不要有盛气凌人的态度。在交谈时。最首先应当做到的就是尊重对方。

姿势一定要端正。如果是站着与人交谈，说话时要挺胸收腹。不要弯腰驼背，要使全身重量均匀地分配于两脚，使自己的重心稳定；如果是坐着谈话，变化的最佳距离应保持在 18 英尺到 4 英尺（1 英尺 = 0.3048 米）之间，双脚平放于地面，不要跷二郎腿、肩膀平正、腰背挺直。有的青少年学生很不注意谈话姿势，站没有站相，坐也没有坐姿，不是东张西望，就是摇头晃脑，这是一种十分不礼貌的行为，更是不尊重对方的一种体现。

交谈时一定要有交谈的热情，也就是说，要很愿意地参与到交谈中去。在交谈时，千万不要表现了冷淡的表情，更不可以表现出不屑一顾的神情。交谈不是单方行为。交谈至少是双方行为，如果一个人总也不开口说话，只是一味地在听，这常常使交谈变得没有意义。有的老

尊　重

师在讲授礼仪课时，经常说到一条社交场合中"少讲，多听"的原则。青少年学生一定要记住，"少讲，多听"并不是不讲，并不是说讲得越少越好，而是要求一定要讲，一定要适当地发表自己的见解。这里面就有一个度的问题，是否能够掌握好这个度也可以反映出一个人言语能力的高低。

要尊重对方就一定要掌握好聆听的艺术。有些人在交谈时，总要表现得过于热情，总想以自己的观点与感情去影响对方，因而往往是一开口就说个不停、谈个没够，把本来应该是一次美好的交谈变成了自己的一场讲演，常常使对方无所适从。青少年学生在与人交谈时，特别是与长辈谈话时，一定要全神贯注地聆听对方的言辞，要倾心、注意地去听，不要随意打断对方的讲话，更不要抢话头。要注意在听清楚对方谈话内容的同时，要理解其中的思想内涵，及时地表达出自己的思想和观点，从而促使这场谈话能够更顺利地进行下去。要学会适当地提出问题，从而表明自己听得确实比较认真。当然，不要过早地作出自己的判断，要考虑清楚后再接上话头，以免误解对方的意思。

懂得谦虚谨慎

一个人最大的优点，就是能够经常地发现别人身上的长处，并且虚心地向他人学习。青少年学生在学习谈话时的应对技术也应当具备这种谦虚

的精神。无数的事实已经证明，人们都愿意与虚心者打交道，都愿意与虚心者一起共同探讨问题。谦虚与谨慎对一次交谈的成功与否起着十分重要的影响作用。

当一个人刚刚加入一个谈话场合时，一定要了解别人谈话的主题，千万不可以在不知道内容的情况下就大谈而特谈。加入交谈时，应当先和在场者打个招呼，得到回应后再加入交谈。对待交谈的话题，要本着"知之为知之，不知为不知"的态度，不要不懂装懂，或者牵强附会地狡辩一番，要实事求是地显示出自己的学识与才华，不可以假装知道自己根本就不了解或者不太熟悉的话题。

谦虚的人在交谈中总是多给别人创造谈话的机会。例如，自己确实需要将一个观点讲完讲透，也应当在谈话过程中适当地进行停顿，一来可以更准确地听清楚别人的反应，二来也为自己接下来的交谈提供一次整理思维的机会。假如是别人正在兴致勃勃地阐述自己的思想之时，一定要认真地、专心致志地去听，不要放弃一次向别人学习的大好机会。当然，这当中也可以适当地提出问题，以引起谈话者与在场者更多的思考，从而使谈话者的话题能够更有效地得到重视。

谦虚谨慎的交谈者从来都不会随便就去打断别人的发言，而是恭恭敬敬地听。即使不同意别人的看法或观点，也不可以匆忙就去打断别人的谈话，要等别人讲完之后再阐明自己的观点。在聆听之时，一定要分析话中之音，既要明白对方的谈话何时达到高潮，也要知道对方的言谈何时接近尾声。只有这样，自己的发言才能够做到适时、稳妥。

对交谈者谦虚谨慎、诚恳率直，这其实也是一个态度问题。千万不要妄自尊大、自以为是，一打开话匣就滔滔不绝的人不一定就有真才实学。还有人在交谈过程中表现是武断专横，根本不把对方的观点或反应放在眼里，显得一点都不谦虚。青少年学生在与人交谈时，应当以谦虚谨慎作为一条谈话原则随时来鞭策自己。

创造和谐的谈话气象

良好的谈话气氛能够使交谈者都会感到轻松而且愉快。良好的谈话气氛，可以保证谈话的主题不断地得以深入，从而使谈话的参与者精神松弛，从交谈中得到愉悦。

要想创造出一种和谐的谈话气氛，必须要注意以下几点。

第一，仪表要得体。合适得体的衣着，不仅能够赢得别人的喜欢、给别人一个良好的印象，而且还能够不断提高自己在交谈时的信心。一个穿着不干净、不整洁的人很难使别人找到谈话的感觉。交谈时，也应该特别注意自己的仪态，主要包括身体态势，气质与风度，要做到站有站姿、坐有坐相。

第二，态度要真诚。开诚相见、坦率交谈的态度能够使人感到亲切而又自然，彼此交谈的观点与思想也很容易地得到对方的认同。如果是一种虚情假意，言不由衷的态度，就会引起别人的反感，使别人的情绪大受影响，从而很难与对方展开一次深入的交谈。

第三，神情要专注。交谈时，一定要专注而且认真，要正视对方，理解对方的谈话内容。要学会正确地使用自己的身体语言，身体微微地倾向于说话者，同对方保持眼神接触，并且面带微笑，适当的时候，还应当点头以示同意对方的谈话内容。如果在交谈时，东张西望或者左顾右盼，如果翻阅报纸杂志或者做其他事情，都会让谈话者感到难以接受。

第四，反馈要及时。交谈是双方或者多方的事情，一方在阐述自己的观点时，另一方应当通过一些语气词、适当的眼神或动作来衬托气氛，从而更进一步地激发对方的谈话兴趣，使彼此的交流更投入，更愉快。是否能够掌握反馈的时机对创造一种良好的谈话氛围起着承前启后的作用。当然，在提出问题或者做出其他反应之前，一定要有适当的过渡性话语。例如：可以对谈话者说："对不起，我可以插句话吗？"也可以这么说："请允许我补充一点。"然后，说出自己的想法或意见。这样的插话不宜太多，以免扰乱谈话者的思路。在作出自己的反应之前，应当充分地考虑一下自己当时的发言是否合适、是否合时。如果是提出问题，还应当考虑到自己提出的问题有什么样的价值，是否能够起到使交谈更加深入地进行下去的作用。

一般说来，交谈过程中的反馈能够发挥因势利导，顺势牵引的作用。也就是说，谈话者在接收到这种反馈信息时，应当是恰到好处地将这种信息作为重新深化话题的一个契机，这种信息激励着谈话者投入更大更多的交谈热情。沟通技巧高明的人，还会十分灵活地借助于身体语言或者一些亲切的语气词与提示词来达到这个目的。在使用身体语言时，一定要注意抓住反馈的时机，不要动不动就莫名其妙地点一下头或者大笑一次。在使用语气词时，不要总是"嗯"、"呃"、"啊"个没完。因为语气词往往只是一种无意义的音节，语气词的主要目的是调节气氛。可是，这些无意义的字眼会破坏他人言辞的连贯性与节奏美，太多了甚至会使对方感到焦躁。

第五，话题要合适。几乎任何话题都可以成为人们的谈话材料，只要自己是个处处留心的人，就会发现很多能够引人入胜的话题。例如，体育运动、电视节目、个人嗜好、天气状况、名胜风光、流行时装、小说电影等等，都可以激起人们的谈话兴趣。然而，由于每个人的个性特点、心理状况以及特殊经历的不同，在选择话题的时候，人们的倾向性就会表现出很大的不同。

有的青少年学生时常感到很苦恼，他们认为自己的性格比较内向、所了解的知识又十分有限，因而很难与别人谈得上来。也确实存在着这种情况，就算是跟很熟的朋友在一起，他们也找不到话题。但是，这不应该成为青少年学生封闭自己的理由，而应当尽力去培养自己的合作能力、交际能力以及说服他人的能力。这就需要青少年学生努力去寻找话题并且从中选择出大家都感兴趣的话题。

平时参加交谈，可以随时注意观察人们的话题，哪些能够吸引人而哪些根本就不吸引人，这又是为什么？自己在开口说话时，一定要练习讲一些能够引起他人兴趣的事情，不要提起那些不会产生良好效果的话题。一般在交际场合中，与刚相识的人开始交谈时，不要冒昧提出比较深入或

谈 话

者十分特别的话题，而应当从一些比较平常的话题入手。例如，我们也可以采用中国人通常使用的传统方法：首先询问对方的籍贯，然后开始谈论自己所了解的有关对方家乡的一些风土人情。

通常来说，在交谈时应当避免谈论自己不完全了解的事情。千万不要把那些似懂非懂，一知半解的内容糊里糊涂地说上一通，不仅不会给别人带来什么启发或者益处，反而给别人留下一个毫不谦虚或者夸夸其谈的坏印象。

有了话题，还必须要有能够言谈下去的内容，不要打开话题以后就显得支支吾吾。要把话题与自己已有的知识充分联系起来。

运用幽默法宝

幽默是智慧、灵感的爱心在语言运用中的结晶，是一种良好修养的标志。每一个具有幽默感的人都有着十分宽广的心胸、十分亲切的性格和反应灵敏的聪慧。幽默能够排除困窘的情境，能够调和难堪的场面，可以适时地开启对方的心扉，从而创造更加和谐的交谈契机。

正确地运用幽默的语言，常常能够产生一种神奇的效果。我国著名的语言大师老舍先生曾经举过一个有关幽默的例子，他说："一个小孩见到一个陌生人，长着很大的鼻子，马上脱口而出'大鼻子！'假如这位先生没有幽默感，就会不高兴，而孩子的父亲也会感到难为情。假如这位先生有幽默感，说上一句'就叫我大鼻子叔叔吧！'这不就大家一笑而解决了问题吗？"

在交谈的过程中，难免会产生各种各样难堪的局面，有时甚至会发生矛盾，那些缺少幽默感的人只会把事情弄得越来越僵，把场面弄得越来越被动，那些幽默者却能够让一切普通得轻松而且自然。青少年学生应当学会正确的运用幽默这一法宝，从而使自己的语言变得更加丰富多彩、更加富有感染力，幽默所带来的笑可以缓解人们的情绪和紧张的心理，能够打破尴尬的局面。有一位家庭主妇因为家中的水管破裂，赶紧给水电公司打了电话，然而，过了好几个小时也没有看见修理工的影子。左等右等，气喘吁吁的修理工终于来了，由于堵车他晚来了三个小时，他十分抱歉，非常紧张地准备迎接一顿训斥。然而，那位主妇却笑着说："没有什么，等你的时候，我正好教孩子们游泳。"这种幽默的言语，既有一种责备之意，更显示出了一种博大的宽容。

当然，做任何事情都要把握一个"度"的问题，幽默也是如此。在不同的场合、对待不同的对象都必须要考虑是否能够运用幽默，以及在什么时候才能够运用它。同样是一个善意的玩笑，你可以在张三的面前使用，却不可以在李四的面前使用；同样是一个幽默的话题，你可以在家庭中谈论，却不可以在教室里提起。尤其是在面对陌生人或者刚刚相识的人，一定要注意幽默的分量。假如在运用幽默时不注意这些，很容易让人感到这是一种突如其来的亲切表示，更有可能的是，别人会认为你是在故意地卖弄小聪明。有很多的时候，过了火的幽默或者不失时机的幽默，反倒变成了一种取笑的讥讽。

❈❈❈ 遭到拒绝时的应对技术 ❈❈❈

在实际生活的日常交往中，拒绝别人以及被别人所拒绝都是很正常的一种事情。

在拒绝他人时，要具体情况具体分析，但有一个原则是不可以违背的，那就是不能够伤害别人的自尊心。至于拒绝的方法可以灵活运用，例如，直来直去的拒绝法、暗示性的拒绝法、含蓄的拒绝法。既可以单独运用其中某一种方法，也可以混合使用。有时候，采用含蓄拒绝法别人并不一定能够心领神会，在这种情况下，不妨采取客观理由拒绝法，针对对方的要求，找出你不能满足对方要求的客观理由，从而力求得到对方的谅解。

当你遭到别人的拒绝时，应当注意这么几个要点：

1. 保持冷静的头脑，依然保持一种良好的风度，留给对方一个美好的印象，不可以摆出一个气急败坏的样子，更不可以大发雷霆。

2. 不要在言语上勉强地去说明什么或者解释什么，要及早地撤出。

3. 尽快摆脱不良情绪的困扰，将自己的注意力转移到感兴趣的事情上。

团队能力——团结友爱

监狱中助难友

捷尔任斯基是列宁的亲密战友。他从 1895 年参加革命后，一直是个忠实的布尔什维克。在长期的革命斗争中，他曾多次被沙皇政府监禁、流放。有一次，他又被判死刑，囚禁在色列茨克监狱。

监狱中的生活条件非常差，许多人都生病了，高大结实的捷尔任斯基也被折磨得像换了个人似的，但他仍热心地为难友们提供帮助。

和捷尔任斯基关在同一间牢房里的安东·罗索尔生了严重的肺结核病。他有时大口大口地吐血，有时又整夜整夜地咳嗽，捷尔任斯基总是想尽办法鼓励他、安慰他。尤其是在病发期间，捷尔任斯基总会是整夜地陪伴罗索尔，给他讲各种有趣的故事，以减轻他的痛苦。罗索尔不忍心让他彻夜不眠地陪伴自己，捷尔任

捷尔任斯基

斯基却总说自己有失眠症，晚上睡不着觉，让他别在意。罗索尔见到捷尔任斯基那布满血丝的双眼和像刀削般的脸颊，常常含着感激的泪水，紧紧地握住捷尔任斯基的双手，什么话也说不出来。

夏天到了。每天早晨，监狱长在院子里大声地吼叫："放风了，快出来！"这时，捷尔任斯基总会从五楼牢房背着罗索尔出去活动。有一次，罗索尔又发病了，他全身衣服都被虚汗湿透了，四肢瘫软无力。他对守候了

一夜的捷尔任斯基说："雅塞克，你去吧，今天不要再背我了。"但是捷尔任斯基却对他说："安东，我的好同志，我不能离开你。走，去见见太阳，阳光应该是属于我们的。"说着，他弯下身体，小心地让罗索尔伏在背上，然后挪着微颤的步履，一步步地向楼下走去。

就这样，罗索尔每天都在捷尔任斯基的背上度过 15 分钟充满温暖阳光、新鲜空气的自由时光。渐渐地，罗索尔的病大大好转了，可是捷尔任斯基却由此得了严重的疾病。

难友们称赞捷尔任斯基："世界上还有什么比真诚、热情、无私的友谊更美好呢，我们真该为他建立一座纪念碑！"

共同揭开超导之谜

1972 年，年过花甲的美国物理学家巴丁，第二次登上诺贝尔物理学奖的领奖台。与他一起兴高采烈登台的，还有他的学生、刚过"不惑"之年的哥珀和斯里弗。十五年前，他们师生三人共同揭开了超导之谜，提出了叫做 BCS 理论的超导理论。

解释超导现象是一个极为复杂的难题，涉及多门学科，据说至少有五位获得诺贝尔奖金的学者都尝试过这一难题，均未成功。巴丁知难而进，决心攻下这一"堡垒"。为了增加攻坚的力量，巴丁特意从美国东部请来了一位年方二十七岁的博士哥珀做自己的助手。

哥珀刚从研究生毕业不久，是研究量子场论的，熟练地掌握一套数学物理方法。哥珀来到巴丁身边，既为自己能当诺贝尔奖金获得者的助手而高兴，又感到胆怯，他战战兢兢地说："老师，我学的是量子场论，对超导一窍不通，给您当助手，能行吗？"

"行，能行！"巴丁乐哈哈地说，"我看中的就是你现在的专长。好好干，会成功的！"

说来也巧，就在巴丁和哥珀一拍即合的时候，美国麻省理工学院的毕业生斯里弗也慕名来找巴丁，拜他为师。巴丁上下打量着这位年轻人，很欣赏他有一股朝气蓬勃的闯劲，又想到眼下攻超导理论正需要生力军，就满口答

团队能力——团结友爱

应收他为研究生，建议他选超导为研究方向。斯里弗接受了老师的建议。

就这样，巴丁、哥珀和斯里弗结成了一个坚强集体。他们同坐一个办公室，朝夕相处，互相切磋，取长补短，携手并进。他们还经常走出去，请进来，利用各种场合，与搞实验和理论的科学家一起讨论交流，有时边吃饭边讨论，一顿饭吃上一两个小时，那是常有的事。他们的研究进展出人意料地顺利。

在向"堡垒"发起最后攻击的一天下午，斯里弗用比较简单的方法，突破了理论中最关键的难关。但他拿不准，不敢相信自己已经攻下了"堡垒"，就把计算结果拿给哥珀看。哥珀看了以后，觉得问题解决得确实巧妙，但他也没有十分的把握，只得等出差在外的巴丁回来做鉴定。

BCS 理论研究

巴丁不愧是久经"沙场"的老将。他回来一看斯里弗的结果，乐不可支地连声说："行了，行了，就在这里！"

接着，师生三人又经过一番苦干，对整个研究进行了总结，终于提出了新的超导理论，这就是以他们名字的第一个字母命名的 BCS 理论。

汤姆生和焦耳

威廉·汤姆生和焦耳，是英国同时代的物理学家。汤姆生成名较早，二十二岁就当了格拉斯哥大学教授、理论物理研究室主任。焦耳比汤姆生年长六岁，由于焦耳是个酿酒匠，没有受过学校教育，完全靠自学成才，所以权威们瞧不起他，几乎都怀疑或者反对他的学术观点。汤姆生曾经是焦耳的最激烈的反对者之一。

1847 年，英国科学协会的学术会议在牛津召开。焦耳带着实验仪器走上讲台，开始发言和表演。他坚定地宣称：各种形式的能量都可以定量地相互转化，比如机械能就可以定量地转化为热能，反过来也一样，1000卡的热和 428.9 千克米的功相当。

焦耳报告的话音刚落，汤姆生立刻站起身来反驳。他提高了嗓门说："你这是胡诌！热是一种物质，这根本不可能转化为功！"当时汤姆生坚信热是一种物质。

汤姆生的发言，像在热油锅里洒进了水，霎时间，会场沸腾了起来。学者们议论纷纷，大多数都反对焦耳的观点，连法拉第也摇着头，怀疑地说："热定量地转化为功，这可能吗？"

焦　耳

尊重事实，相信科学，这是科学家的本能。会后汤姆生和焦耳又在一起争论，焦耳千方百计用实验来说服汤姆生。这个时候，德国科学家迈尔等人也宣告和焦耳相同的科学结论。在铁一般的事实面前，汤姆生改变了自己的观点。他主动找焦耳进行亲切友好的长谈，使焦耳大有知音之感，从此，两人成了莫逆之交。

汤姆生

从 1851 年开始，两人共同研究起热功当量来了。汤姆生从焦耳那里听到新的实验资料和新的物理思想，焦耳从汤姆生那里第一次听到法国物理学家卡诺所做的研究工作。两人密切合作，取长补短，切磋琢磨。1853 年，在焦耳的协作下，汤姆生对能量守恒和转化作出了精确的表述。后来，他俩又一起发现了著名的汤姆生——焦耳效应，即气体受压过窄孔后会发生膨胀降温，为近代低温工程奠定了基础。

真诚的帮助

法国著名化学家拉瓦锡，发现了氧气和氢气，并经过实验证实氧气和氢气在一起可以化合成水；水可以分解为氧气和氢气，在反复的实验中他证实了质量守恒定律是普遍规律，为氧化燃烧理论奠定了基础。

1774 年，拉瓦锡用铅和锡作金属燃烧试验。他把精确地称过重量的铅和锡分别密封在曲颈瓶里，称出总重量，然后加热，使铅、锡变成灰渣。他发现在加热前后，总重量没有变化，但金属经过燃烧，重量却增加了。这说明金属增加的重量既不是来自火，也不是来自瓶外任何物质，只可能是结合了部分空气的结果。

"对，金属的灰渣就是金属和空气的化合物！"拉瓦锡从实验中得出了这样的设想。

拉瓦锡为了验证自己的设想，想方设法从金属灰渣中直接分解出空气，但实验都失败了。

"难道我的设想错了吗？"拉瓦锡百思不解，一筹莫展。

这一年的 10 月，英国科学家普利斯特列陪同舍尔伯恩勋爵访问巴黎。他毫不保留地向法国同行讲述了自己对气体的研究。他单独会见拉瓦锡，两人在实验室里就燃烧问题进行长时间的晤谈。

"在 8 月 1 日这个阳光灿烂的日子，"普利斯特列滔滔不绝地介绍说，"我在一只大玻璃瓶里放了厚厚的一层水银灰渣，然后用透镜聚集的阳光进行照射，不一会儿，光点处的粉末微微颤动、跳跃，好像有人在向它们吹气。几分钟后，这里首先出现了小小银珠……"

"原先水银灰里的空气跑出来了？"拉瓦锡问。

"是的，"普利斯特列继续说话，"按照我们的观点，这是一种脱燃素的气体，它能助燃，当我把刚刚熄灭的木条放到瓶里，木条竟又重新燃烧起来。"

"这是一个了不起的发现！"拉瓦锡惊叹说，"不过您说的燃素，那是不存在的。我看'脱燃素气体'可能是一种新气体。"

这次晤谈后，拉瓦锡根据普利斯特列介绍的方法重做实验，揭开了"脱燃素气体"的秘密，并把它称为氧气。使拉瓦锡困惑不解地金属灰渣，原来是金属在燃烧中与氧结合的产物，因此重量也增加了。

氧气的发现，为氧化燃烧理论的确定奠定了基础。但是，还有一个问题拉瓦锡仍然没有找到答案，这就是"可燃气体"的燃烧问题。"可燃气体"是金属在酸中溶解时产生的，很容易燃烧，这种可燃气体是什么东西呢？

正当拉瓦锡为"可燃气体"燃烧问题发愁的时候，英国科学家卡文迪许的助手、英国物理学家和化学家布莱格登访问了巴黎。他受卡文迪许的委托，把尚未公布的关于水的合成的实验成果，原原本本地告诉了拉瓦锡。

"真是个惊人的发现！"拉瓦锡站起身赞扬说，"这么说来，连水也不是元素，而是复杂的物质！我想立即重复这些实验，您能帮助我一起做吗？"

"当然，我很高兴为您效劳。"布莱格登真诚地说。

实验成功了，但由于匆忙，没有做出定量的结论。后来，拉瓦锡以巨大的热情从事水的研究。他很快证明，水可以分解为氧气和"可燃气体"；若把这两种气体的混合物加热，它们又会重新组合成水，他还做了精密测量，证明反应前后的重量总是相等。

拉瓦锡

拉瓦锡面对一片赞扬声激动地说："应该感谢英国科学家普利斯特列和卡文迪许，是他们给了我真诚无私的帮助。"

现在我们知道，当时他们还不能判定的"可燃气体"，其实就是氢气。

曹操不记旧过

曹操是东汉年著名的政治家、军事家、文学家。汉献帝建安五年（公元200年），他在官渡（在今天河南省境内）出奇制胜，打败了袁绍，消灭了袁的主力部队。这就是历史上著名的"官渡之战"。

曹军在打扫战场时，一位官员发现了一大捆信件，便及时向曹操报告："这些信件，大多是我们营中的一人悄悄地写给袁绍的，将军你看如何处理？"

站在曹操两旁的人都说："写这些信的人，真该处死。我们可以看一看那些信到底是谁写的，找出这些人来，通通杀掉。"

"不！"曹操却一声令下，烧毁了所有信件，连看也不看一眼。

许多人想不通，曹操对他们说："这有什么奇怪的，你们难道忘了当时的情景吗？"

人们怎会忘记呢。当年袁绍仗着占据河北广大地区，率领十多万大军南向推进，还公开发表了讨伐曹操的檄文。而当时曹操的军队只有三万多人，一些将领缺乏胜利的信心，有的人干脆主张投降，连曹操本人也觉得没有把握打败袁绍。后来，幸亏曹操善于用兵，才一举打败袁绍，取得"官渡之战"的胜利。

回想当年的情景，曹操说："你们想想，当时袁绍力量强大，不要说有人想投奔袁绍，连我也感到不能自保，又怎么能够责怪他们呢？"

后来有一次，曹兵押着一个人来见曹操，曹操一看，原来是陈琳，这个人写得一手好文章。当初袁绍讨伐曹操时，那篇檄文就是他写的。在檄文中，陈琳不但大骂曹操，还把曹操的祖父和父亲骂了一通。

曹 操

可是，曹操见了陈琳以后，不但没有治他的罪，还亲自给他松绑，宽慰他说："过去的事就让它过去吧。"便把他留在身边，专门负责掌管文书。以后曹操发表的重要文告，有很多都是陈琳起草的。曹操还常常称赞他写得好。

由于曹操的宽宏大量，不记私仇，曹军越来越强大了。以后，曹操终于扫平了袁绍的残余势力，统一了北方。

陆逊大人大量

陆逊（183～245年）是三国时期吴国的名将，字伯言，吴郡吴县华亭（今上海市松江）人，出身江南名门望族，是孙策的女婿，也是吴国一个出则能带兵征战、入则能治国的不可多得的人才。

陆逊21岁开始在孙权将军府上任职，早年历任东西曹令史，海昌屯田都尉并兼县令。他当县令时，遇上连年大旱，陆逊开仓放粮救济灾民，勉励耕织，使老百姓得到了实惠。后来他又向孙权建议，整治内政，剿灭匪患，使吴郡得到了安定，人民安居乐业。

陆逊极善谋略。公元219年，他与吕蒙定下袭取关羽之计，在麦城（今湖北当阳东南）大破关羽。公元221年，刘备率大军进攻吴国，他任大都督率军抗刘，两军相接，他坚守不战，等到第二年，当蜀国军队疲惫不堪的时候，他利用顺风放火，大败刘备，取得了夷陵（今湖北宜昌）之战的胜利。公元228年，他又在石亭（今安徽潜山东北）大败魏国名将曹休。后来陆逊任荆州太守，官至丞相。

会稽太守淳于式曾经上告孙权，指责陆逊用不正当的手段掠取百姓，骚扰地方。陆逊也听说了淳于式告他状的事。后来，陆逊去京城拜见孙权，两人谈到淳于式，陆逊在孙权面前称赞淳于式是个好官，能体恤民情，爱惜民力，治理会稽郡有政绩。孙权说："淳于式告你的状，而你却在我面前赞扬他，推荐他，这是为什么呢？"陆逊回答说："淳于式告状的目的，是要保养民力，这是我们治理国家的人都应该认真考虑的重要事情啊！现在他提出了这个问题，我应该有则改之，无则加勉，在以后的工作中更加重视这个问题。如果我又在您面前诋毁他来扰乱您的视听，这种做法不妥吧。"

孙权高度赞扬了陆逊，说："这确实是贤德的人应有的品行，只不过别人做不到而已。"

公元221年，刘备率大军进攻吴国，孙权任命陆逊为大都督，统兵抵抗。那些将领们有的是孙策时的老将，开国功臣，有的是皇室贵戚，都各有所恃，自命不凡。自然，当他们奔赴前线作战时，就各自为政，谁也不听谁的。陆逊指挥调度他们很是困难，使吴军在战争开始时陷入被动。等到吴军用火攻的计谋打败刘备，取得夷陵之战的胜利后，将军们才发现，这次大战的兵员部署、作战谋略大都是陆逊的主意，陆逊立了头功。将领们都叹服不已。

后来，孙权知道了陆逊手下的将领在战场中的表现，就问陆逊："当初你为什么不把诸将不听节制的事报告给我呢？我一定把他们召回京城处置。"陆逊回答说："臣受陛下的恩德深重，而所担任的职务则远远超过了自己的才能。再说，将领们有的是皇上心腹，有的是能征善战的勇将，有的是开国功臣，都是国家可以重用并与他们决定大事的人。我虽然愚钝，内心却非常敬慕昔日蔺相如和寇恂谦让下属以成全国家大事的宽阔胸怀啊。"孙权听了开怀大笑，连声称赞陆逊："好啊！有气度，有气度。"

陆逊宽容他人，谦让下属的品德，使大家同心协力，共创吴国基业，受到了朝野上下的称誉和尊敬。

两名刺史让功不争名

南北朝的时候，谯州刺史湛僧智奉命出征与魏军作战。

他的军队把魏军包围在广陵城内，但九个多月了，还是未能攻陷广陵城。这时，另一名刺史夏侯夔率军前来支援，第二天，北魏军便派人前来求和了。

夏侯夔觉得自己军队刚到，没有参与任何战斗。而湛僧智的军队却在这里整整守了九个月，这受降仪式应该由湛僧智军队来完成。于是，便把湛僧智请来，把自己的意思告诉给了他。

湛僧智听夏侯夔这么一说，连忙摇手说：

"不行，不行，我在这里攻城整整九个月，可魏军就是不投降。你的大军一到，魏军就来求和，分明魏军是怕你而不怕我，还是请将军去受降吧！"

夏侯夔不想贪人之功，不劳而获，一再推辞。

湛僧智又坦诚地说："我的军队大多是招募来的，缺乏严格的军纪训练。要是进城后有人以胜利的姿态胡作非为，掠夺百姓，就会造成很坏的影响，后患无穷。将军一向治军有方，军纪严明，军风甚好，士兵们是不会乱来的。从全局考虑，我看这次受降还是由将军您前往最合适。"

夏侯夔见湛僧智言辞恳切，又想到战势需要，夜长梦多，恐有变化，进城受降不宜拖太久，于是，当机立断，即刻率兵进入了广陵城。

事后，不少人议论纷纷，说夏侯夔是下山摘桃子，说湛僧智太傻，拱手把自己辛辛苦苦的劳动成果送给别人。湛僧智听说后，不以为然地说：

"夏侯夔不是不劳而获，下山摘桃子。如果没有他的到来，有可能那一树桃子会烂在地上，那不比让他帮着来摘更糟？如果说我这样做是傻，那这样的傻子我还愿多当几回。"

曾巩宽厚待人

曾巩一向待人宽厚，和蔼有礼，即使是一些怨恨过他的人去找他，他也十分热情、恭敬地接待，总让来人心悦诚服，高高兴兴地离去。他对自己的部下历来关怀，很少训斥和惩罚他们；有人犯了错误，他就一再讲明道理，开导对方接受教训。他任地方官时，在市场上遇有买卖的事儿，他总是买时给人家高价，卖时要人家的低价。

他对朋友惯于有啥说啥，直来直去，虽遭怨恨也不后悔。这是曾巩襟怀坦荡的一种表现。他同王安石的交往就是非常忠实、直率而又宽厚的。

王安石二十五岁那年，从淮南判官的任上。请假去临川看望祖母，顺道拜见了曾巩。曾巩十分高兴，非常热情地招待了他，后来还专门赠诗给王安石，回忆了这次会见的情景。

以后，王安石做了宰相，一度曾疏远了曾巩，这不能不说是王安石的一个短处。然而，曾巩对他，却仍不失为一位忠实的朋友。

在王安石第二次罢相归居金陵（今南京）的时候，宋神宗召见曾巩，并问他道："你与王安石是布衣之交，王安石这个人到底怎么样呢?"

曾巩不因为自己与王安石多年的交情而随意褒贬他，而是很客观直率地回答说："王安石的文章和行义，确实不在杨雄（汉代著名文学家）之下；不过，他为人过吝，终不比杨雄。"神宗听了这番话，感到很惊异，因此又问道："安石为人，是轻视富贵的，怎么说是'吝'呢?"

"我说的并不是这个，"曾巩回答，"安石勇于作为，而'吝'于改过。我所说的'吝'，乃是指他不善于接受别人的批评意见而改正自己的错误，并不是说他贪惜财富啊!"

曾巩这番话，指出了王安石的长处和缺点，是公允之论。并且，就二人的友谊来看，其中还确有些怜惜王安石政治活动失败的意思呢!

曾巩断狱也比较公允宽大。他去襄州（今湖北襄阳）上任时，正赶上那里发生了一个很大的案子，官府抓了不少人，但久久不能判决。其中有不少准备判处死罪的人，也从来没有审讯过。曾巩上任后，立即把这些人的有关罪证、材料详细地审阅了一番，而后对办案的官吏说："这些人的证据不足，不过是嫌疑，为什么将人长期拘押呢?"办案的官吏支吾其词，说不出个道理来。于是，曾巩就把这些人放出去了。类似这种情况而释放的有一百多人，襄州群众为此深受感动。

自此，襄州违法犯案之事愈来愈少。

弟兄除奸

唐朝玄宗时候，河中嵩州府出了一对少年英雄，弟弟叫张琇，哥哥叫张瑝。那年秋天，兄弟联手，在京城长安附近的魏王池山道上，杀掉了欺诈百姓、作恶多端的当朝监察御史杨汪，报了杀父之仇，也为百姓除了一害。那年，哥哥13岁，弟弟才11岁。

那年月，唐玄宗整天沉湎于酒色之中，以李林甫为首的一伙奸臣，排挤忠良，独揽朝政。张琇兄弟的父亲张审素当时就任河中嵩州府的都督。他为人正直，在任期间为官清廉，除暴安良，因而得罪了本州恶少陈纂仁，遭到诬陷。监察御史杨汪奉旨查办，他不问青红皂白和是非曲直，便定了张审素冒领战功，私自招买兵马，以图谋反的罪名，将张家满门抄斩。那年，张琇与哥哥年纪都很小，多亏老家人搭救，才保全了性命。他俩跟随老家人，一路过伏牛，翻桐柏，渡长江，下洞庭，一直逃到千里之外的岭南，投奔到父亲生前好友柳叔身边。从此隐姓埋名，在柳叔的帮助下早习武，夜读书，躲过了这场劫难。

日月如梭，光阴似箭，一晃几年过去了。兄弟俩长高了许多，也练熟了几路拳脚，渐渐地泛起了为父报仇的心思。对着柳叔，小兄弟俩眼泪流下来了："父亲冤死已好几年了，这仇至今未报，我们想回去报仇！杀掉杨汪那老贼！"

"杀杨汪？就你们俩这半大孩子？岭南与京城相隔千里，路途险恶。你们俩命大，好不容易来到这里，叔叔怎么能放心再让你们走呢？况且杨汪乃当今圣上的宠臣，进出都有众多兵丁护卫着，你们俩年小力单，如何近得杨汪身前？"

张琇没等柳叔说完，向前一步说："我们已经习武好几年了，一定能杀掉杨汪那老贼！"说着，与哥哥拉开架式，对练了一套拳脚，以显功夫。

柳叔待两兄弟收了架势，拉着他们的手，重新坐在石凳上，笑呵呵地说："拳脚是有长进，可是对付杨汪那一伙人还不行。孩子，不要性急，好生读书、习武，将来长大了再报仇吧！"

转眼间又一年，清明节那天，天刚蒙蒙亮，两兄弟爬上附近的小山，遥望北方，点上一炷香，双手擎着，跪在地上，默默地祷念着。

祭完父亲的亡灵，兄弟俩下山来打点行装，满含热泪，凝望柳叔的房间，留下一封信，悄悄地离开了岭南。

兄弟俩离开柳家后，一个劲地往北面走。路上饥了啃点干粮，渴了喝口山泉。夜晚露宿树下檐边，凉风吹来，冻醒了，便爬起来对练一阵拳脚取取暖。

不一日，二人来到了烟波浩淼的洞庭湖边。身上的钱早用完了，没钱乘船，过不了湖，怎么办？兄弟俩只好硬着头皮求船家带上他们。

第二天，船正在湖心行驶着，忽听船头吵吵嚷嚷，只见两个穿青衣，戴黑帽的强人，手提鬼头大刀，正杀气腾腾地要船客丢下过湖钱来。船客们见状，全吓得一动不敢动。

当那高个盗贼收银子收到张琇对面的商贩时，小张琇猛然发力，一个狮子摆头撞在那贼肋骨上，那贼一歪栽倒了。张琇乘势跟上一脚，踏在他的手掌上，弯腰拾起了那把刀，另一个强人见同伴被一个小孩打倒了，不知怎么回事，立刻抢刀向张扑来。没等他跨出步，哥哥张瑝一个飞脚端在他的小肚子上，那强人大叫一声，蹲在地上，杀猪似的怪叫。

船客们见两个小孩打翻了强人，十分惊奇，纷纷围上来要打死强贼。张琇一抱拳说："各位父老，我看这两位不像是打家劫舍的强盗。待问清了再做发落不迟。"

原来，这两强人是兄弟俩，也是河中人氏。去年春上，中原大地遭旱灾，庄稼颗粒无收。地方上的贪官污吏、地主恶霸乘机兼并土地。杨汪再次作为钦差大臣来到灾区，查看灾情。然而他不仅不体恤民情，反而整日摆着朝廷重臣的威风，到处吃喝玩乐，与地方贪官同流合污，乘机巧取豪夺，扩大私产。没一年工夫，便置下良田万顷，良马千匹，家中奴婢成群。老百姓被害得死的死，逃的逃。这两人就是这样被逼得走投无路。才流落到洞庭湖上，干起剪径的勾当来。

张琇与张瑝一听，又是那杨汪老贼，恨得牙痒痒，发誓一定要杀掉此贼。

经过千辛万苦，两兄弟讨着饭来到京城长安。杨府门前守卫森严，进出人等都要严加盘查。两兄弟还没凑近，守门的家丁一看是小要饭的，手中长鞭一挥，就把他们撵得远远的。

不觉夏去秋来，几个月过去了。那杨汪是个阴险狡诈之人，他深知老百姓对他恨之入骨，为防不测，整日深居简出。每天上朝，都带着众多家丁前呼后拥。两兄弟找不到下手的机会，随着天气转凉，哥哥张瑝不免急躁起来，看见杨汪早朝回来，就要冲上去拼。张琇急忙拉住他，低声说："不能蛮动！哥哥！这样不但杀不掉老贼，还会白白送死。"说完，拉着哥哥就走。

机会终于来了。这天，两兄弟见杨府里的人进进出出，十分忙碌，京城里一些有名的工匠艺人都被叫进府里干活。一打听，原来杨汪要为他早已死掉的老爹上坟。魏王池正好是必经之路，那儿山道崎岖，地势险要。张琇咬着牙，低声骂道："老贼！你也有爹娘？明天到你爹那儿去，就休想再回来了！"

第二天一大早，杨汪领着一家大小，在众多家丁的簇拥下，浩浩荡荡出了杨府大门，好不威风。

到了魏王池。太阳已一竿多高了。山道越走越狭窄，上坟的队伍也越拉越长。行到山坡转弯处，迎面遇上两个身背柴捆的村童，因无处避让，两村童只好站在路边好奇地望着这稀稀拉拉的上坟队伍。这两村童正是张琇兄弟所扮。

杨汪骑在马上，渐渐来到张琇、张瑝跟前，见是两个打柴的孩子，全不介意，继续催马向前。当马昂着头刚与他们擦肩而过的时候，张瑝猛然一扔柴捆，抽出斧子，照着马腹就是一斧。那马一声嘶鸣，扑倒在地，将杨汪掀在地上。没等杨汪爬起来，张绣一个箭步从马的一边跃将过去，狠挥几柴刀，杨汪顿时脑浆迸裂，血溅一地，身子抽搐了几下，不动了。此时，众家丁围了上来，用刀逼住两兄弟，堵住了退路。

张琇见杨汪已死，高举斧子，仰面对空，高声呼道："爹爹，孩子们今天杀了老贼杨汪，为您报仇了！"说完，扔掉斧子，哈哈大笑。众家丁一拥而上，将两兄弟捆绑起来。

两兄弟押回城，立即被关进大牢，定了死罪。中书令张九龄听说张审素的两个十多岁的孩子把杨汪杀了，心中十分叹服其孝烈。为保忠良之后，便与一班老臣出面力保张诱兄弟俩，请求皇上免其死罪。朝中那些与杨汪往来甚密的大臣则极力反对。玄宗沉思良久，叹了口气，对张九龄等一班老臣说："张琇两兄弟为报父仇，已将生死置之度外，判死罪正好可成全他们。各位爱卿，就不必争了。"说罢，一扫龙袍长袖，退朝回宫了。

临刑那天，刑场上围满了人。张九龄等人备下一顿酒饭送到两兄弟跟前。张琇神色自如，谢过张九龄，接了碗筷便大吃起来。哥哥张瑝则吃不下去。张琇说："哥哥，你为何不吃，我们杀了杨汪老贼，为民除了一害，为父母报了大仇，了却了心愿，应感到高兴才是。死有什么可遗憾的，这正好可以与父母在九泉之下相会。"

周围的百姓听了这番话，无不落泪叹服。

张琇张瑝两兄弟杀掉杨汪，嵩州百姓无不欢欣鼓舞，奔走相告。两兄弟就义后，百姓们纷纷捐钱为他们在郊外修了坟。每年清明时节，前来祭扫的人络绎不绝。一直延续了很多年。

交友不问贫和富

唐朝宪宗皇帝时期，有个宰相名叫白敏中。白敏中一生非常注重友谊，把朋友看得比功名还重要。正因为如此，他年轻时差点把考上的状元丢掉。

白敏中还是个秀才的时候，结交了一位非常有才华的朋友贺拔，他们一同前往长安参加科举考试，相互照顾，共同探讨学问，形影不离，就是上街游玩也经常手拉着手一块走。

当时有个主考官名叫王起，知道白敏中家里很有钱，他本人又很有学问，考试成绩又好，有意录取白敏中为状元。而对贺拔，虽然知道他很有才华，考试成绩也不错，但嫌他家里很穷，便不太看重他。王起认为，像白敏中这样富贵家庭出身的人，怎么能与贺拔这样的人交朋友呢？因此，他派人悄悄地对白敏中说："只要你不再同贺拔来往，主考官就录取你为状元。"

白敏中听后，沉默了半天，正要答话，恰巧这时贺拔前来看望他。家里的守门人骗贺拔说："白秀才不在家，到朋友那儿去了，晚上也不回来。"意思是要赶走贺拔。贺拔站了一会，只好转身走了。

白敏中在里面听说了这件事，忙从屋里跑出来喊道："快把贺拔给我请回来，快去。"贺拔被请了回来。白敏中语重心长地对家人说："状元有什么稀奇的？我怎么能为了得一个状元而去舍弃最要好的朋友呢？"说完，命家人拿出酒来，两人开怀畅饮，聊天聊得十分痛快。

主考官王起派来的人把这一切都看在眼里。非常生气，回去便向王起作了汇报，最后还说："白敏中舍不得贺拔，咱们偏不让他当状元！"

哪知，王起却被白敏中交友不问贫富的精神所感动，他说："不！我原先只想录取白敏中，现在我却要同时录取贺拔了。"

就这样，白敏中与贺拔同时中了状元。白敏中交友不问贫富的精神，也被人们广为流传。

成吉思汗广交友

距今八百多年前的一天，在我国北方大草原的一座蒙古包里，诞生了一个非常奇特的男婴。这位奇特的男婴得到了父亲的格外钟爱，给他起了一个很美的名字，叫做"铁木真"。这三个字在蒙古语中是"精钢"的意思。常言道："百炼成钢"、"好钢使在刀刃上"。给孩子取这个名字，看得出父亲对他寄予了多么大的希望。铁木真非常争气，长大后没有辜负父亲的一片苦心，果然成就了一番大事业，他不仅统一了蒙古各部族，被推举为大汗，即统帅各部落的最高首领，并得到一个尊号——成吉思，意为强大无比，成为全蒙古族公认的第一帝王。而且他一生中东征西讨，南征北战，拓展疆土，为建立中国历史上版图最大的王朝——元朝，奠定了基础，在古代历史特别是军事史上留下赫赫英名。可是他在少年的时候，也曾饱尝过艰难困苦，也曾经在生和死之间奋力挣扎过。

铁木真的父亲叫也速该。他年轻有为，被推举为尼仓部落的酋长，娶翁吉剌惕部落的美女诃额伦为妻，生有五子一女。铁木真13岁那年，也速该为他外出求亲，回家的路上遭人暗算，被塔塔儿部落的人用毒酒害死。从此，孤儿寡母们失去了部落的统治地位。泰赤乌部落的人原先畏惧也速该的威力，尚服管辖。这时，欺负铁木真母子人单势孤，不仅采用威胁利诱等手段把也速该部下的许多人拉了过去，还经常羞辱迫害他们母子，欲置他们于死地。

一天，铁木真兄弟姐妹六个同往山中游猎，忽见泰赤乌部落的人像黄鹰扑雀一般压过来。铁木真急忙把弟妹们藏入灌木丛中，独自跃马迎上前去与泰赤乌人弯弓斗射，对方欺他年幼，不曾放在眼里，径直冲过来。不料弦声一响，为首的已被射倒。余众大惊，慌忙勒转马头，退后一箭之地，呜哩哇啦地叫嚷着要拿铁木真的人头。铁木真且战且退。将敌人从弟妹们身边引开，逃至一座小山包，钻入丛林躲藏起来。

泰赤乌人紧追不舍，又惧怕铁木真的弓箭。不敢贸然进去，便在四面铁桶一般地围守着。当时正是夏天，火辣辣的太阳把小山包照晒得像一个大蒸笼，还有蚊虫不停地叮咬，小铁木真又饥又渴，只能找些野果吃。就这样苦苦地坚持着。到了第九天，实在忍耐不住了，小铁木真心想："呆在这儿也是死，不如冲出去跟他们拼了!"刚下得山来，猛然听到一声呼哨，随即连人带马跌入陷坑，被泰赤乌人捉住，带回营地。

铁木真以为这下子全完了，这颗脑袋是保不住了。只等着泰赤乌人下手。谁知每逢初夏，泰赤乌人都要举行筵宴，这时正在斡难河畔饮酒作乐，无暇把铁木真处死，只给他戴上枷锁。派了一名体弱的卒子，看押起来。到了夜晚，泰赤乌人已经喝得东倒西歪，看守他的卒子也贪杯，偷偷喝了不少酒，斜靠在一边打瞌睡。铁木真心中一阵狂喜，心想"此刻不走，更待何时!"他抖擞精神，悄悄挪动身子向那卒子靠拢，乘其不备，突然跃起用枷锁将那卒子撞翻在地，脱身逃去。

他一口气跑了好几里地，到底是人小体弱，又挨饿多日，疲乏不堪，两条腿像灌了铅似的，实在迈不动了，看见前面有一条小河，就躲了进去，只把脸孔露在外面，正要闭目喘息一会儿，忽见一名泰赤乌部落的壮汉站在面前，叫道："铁木真，你好大胆子，为何蹲在这里?!"

这一声吆喝，差一点把铁木真的魂给吓出来了。他不由得失声叫苦，干脆呆在水里一动不动，闭上了眼睛。却听那人压低了声音说道："别慌!我叫锁儿罕。眼看你小小年纪，生得和我儿子一般大小，不忍心害你。赶快寻你家人去吧。若见着别人，休说见过我!"言罢转身离去。

铁木真惊魂未定，伸手摸了摸肩上的枷锁，暗想自己腹中空空，肩扛枷锁，又没有马骑，能跑出多远? 若再遇着泰赤乌人，恐怕没有第二个锁儿罕了，于是爬上岸来，悄悄尾随其后。锁儿罕才入家门，铁木真也已赶到。锁儿罕大惊失色，喝道："这里到处是泰赤乌人，你怎么竟敢跑到我的家里?!"话音未落，室内走出两个少年，说道："阿爹，这就是铁木真吗?兔被鹰逐，树儿草儿，尚能把它藏起来。难道我们父子反而不如草木?阿爹救救他吧!"

锁儿罕真是个有情有义的汉子，听儿子们说得在理，忙唤铁木真入内，撬开枷锁，拿出马奶、羊肉，让铁木真饱饱地吃了一顿。然后，让小女儿把铁木真带到羊毛车中躲藏起来。天气太热，又闷在车中，铁术真到了下半夜才朦朦胧胧睡着。就在这时，忽听少女急步跑来失声叫道："不好了！不好了！外面来人捉你了！快快用羊毛把身子盖住！"边说边胡乱扯了一堆羊毛将铁木真藏在下面，关上车门跑开了。

那伙人乱翻一通之后，骂骂咧咧地走开了。

铁木真大难不死，绝处逢生，多亏锁儿罕和他的儿女们相救，不知如何感谢是好。他急忙从羊毛车里出来，扑身跪拜在锁儿罕面前，眼含着热泪说："您就是我的重生父母，苍天在上，将来若有出头之日，我一定要报答您的大恩大德。"

锁儿罕将他扶起来说："不必多礼！我看你虽然年少，却能临难不乱，处变不惊，将来定能成大器。"

言罢让孩子们过来与他结为生死兄弟，又牵来一匹骏马，带上弓箭和食物，催他速速离开这个危险的地方。铁木真拜了又拜，一步一回头地走出了门，挥泪加鞭而去。

铁木真的母亲恐怕孩子们再遭毒手，举家迁往不儿罕山前，在一片水草丰茂的旷地上扎住营帐，居住下来。他们家的羊群和马群早已被强盗抢走了，只得靠采集野菜、野果和草根，捕捉鲜鱼和小动物，维持极为贫困的生活。经过两年多的苦心经营，他们又牧养了八匹骏马，成为一家人重新过上好日子的希望。谁知，在一个风雪交加的夜晚，这些马又被一伙强盗抢去。铁木真怒从心头起，火自胆边生，立即跨上家里仅剩的一匹老马，孤身一人向盗马贼追去。铁木真这时虽然只有十六七岁，却已是虎背熊腰，英武异常。多年的屈辱磨难，在他幼小的心灵上打下了深深的烙印，也使他的体魄和性格坚强起来，并立下了复仇雪耻、振兴祖业的大志。任人宰割的日子一去不复返了。眼下遇见强盗夺走心爱的骏马，铁木真岂肯善罢甘休？寻着马蹄印追了一天一夜，天色大亮时他看见一个少年在旷野里挤马奶，铁木真便上前拱手询问。那少年答道："太阳还没出来的时候，曾有人赶着八匹白马驰过。你现在人困马乏，不如停下来歇歇，喝点马奶，然后我伴你一同去追，好吗？"

铁木真大喜过望，下了马，与他攀谈起来，再三表示感谢。那少年说道："我叫博尔术，你我都是孛端察儿的后代，十世前原是一家人。路遇不平，拔刀相助，这是男儿的本分，何况我们又是同宗，理应为你效力！"随后，他将铁木真的老马放了，牵来两匹枣红色的骏马。两人饱餐了一顿，背上弓箭长刀，翻身上马，谈笑着向前奔去。

又行了三天，才遇见一个部落。仔细搜查。发现那八匹白马果然在这里。博尔术抢先跑过去，打开栅栏，把八匹白马一齐放出，交给铁木真。二人刚走出一里开外，已被那伙强盗追来，团团围住。铁木真和博尔术背靠背与强盗厮杀，箭射完了，就用长刀去砍，早有七、八

成吉思汗铜像

个强盗倒下马来。可是对方仗着人多势众，不肯败退，便一起乱箭射来，射中了铁木真的右腿。铁木真佯装昏倒，趴在马背上向那为首的强盗靠过去，转瞬间已到跟前，猛地从腿上拔下雕翎箭，弯弓拉下一个满月。那强盗头子猝不及防，正想转身逃走，已被利箭射穿咽喉，倒撞下马。余众还想顽抗，只见博尔术左冲右突，明晃晃的大刀在马背上舞得像风车一般，又有几颗人头滚落下来。剩下的人哪里还敢贪恋那八匹骏马，慌忙抱头鼠窜了。铁木真这次遇险，虽然受了伤，却又结下了一位生死兄弟。他想："有锁儿罕一家相助。便能绝处逢生，有博尔术一人拔刀，就能打败一伙强盗，如果结交更多的朋友，那么要恢复父亲在世时的盛名，实现他对我的厚望。难道还会是遥远的事情吗？"

从此，铁木真广交志同道合、有侠肝义胆的朋友，更加注意在四邻中扩大自己的影响。他把自己打到的猎物，主动送给挨饿的人，把自己为数不多的衣服分给衣不蔽体的穷人，把自己的马匹让给行路艰难、没有马骑的过路人。就这样，人们到处传颂他的美德，纷纷夸奖他"志气大，心肠好，有度量，重信义"。许多热血男儿和一些受本部落酋长欺压的人，都纷纷前来投奔，过去失散的族人也重新聚拢在铁木真的旗帜之下。铁木真少

年时代饱受磨难，却没有心灰意懒，哭泣穷途，而是自强不息，百炼成钢，后来终于干出了一番惊天动地的事业。

让墙三尺，和睦邻里

清朝康熙年间，安徽桐城有个才子，叫张英。他中了进士后，深受皇帝赏识，官越做越大，直至会殿大学士兼礼部尚书。

张英在京城做了高官，桐城老家的人便一个个神气起来。这一年，张家打算扩大府第，便在邻居身上打主意，要邻居让出三尺宽的地面，以便张家修葺院墙。

这家邻居也是桐城的一大户——叶府。叶府主任是与张英同朝供职的叶侍郎。叶府对张府侵占府宅的要求，根本不买账。张家的人见叶府寸土不让，便撺掇张夫人写了一封信，派人送到京城。家里人以为，张英是"张宰相"，声势赫赫，官比叶侍郎大得多，只要张英和叶侍郎说一说，问题就可以解决了。

张英看了信后，对家里倚官仗势、欺凌乡里的不端行为，十分不满，深感忧虑。于是张英便写了一首回复老夫人的诗："千里家书只为墙，让他三尺又何妨？万里长城今犹在，不见当年秦始皇！"

张夫人看完了这首诗，对自己的心胸狭隘感到十分惭愧，同时也十分赞赏张英宽厚行为，于是立即派家丁把自家的院墙拆了，然后退后三尺，重新建了一道墙。

叶府的人听说张府派人进京，正感到焦急不安，忽然看见张府让地三尺，十分困惑。派人一打听，才知道是张英的主意。叶府连忙把情况禀告了叶侍郎。叶侍郎听了之后也很感动。同时，叶侍郎家里的人也把自家的院墙后移，让出三尺。这样一来，张、叶两家院墙之间就空出了六尺的地段，形成了一条巷道、两家人为了争三尺地界，大有一触即发之势。张英的一首诗，化干戈为玉帛，两家也因此结成了通家之谊。这事在桐城和京城中传了开来，人人都称赞不已，都夸张英待人宽厚，在与人的交往中有"雅量"。

杜甫和他的邻居

杜甫（712～770 年）是唐代伟大的现实主义诗人，他对劳动人民的疾苦总是倾注着深切的关怀和同情。陕北民歌"唐朝诗圣有杜甫，能知百姓苦中苦"，充分反映了杜甫与人民的心连心的血肉关系。

唐代安史之乱的爆发，打破了杜甫的平静生活，把他从社会上层卷入社会底层。杜甫晚年漂泊西南，过着流浪的生活。公元766年，杜甫来到四川夔（kuí）州（州府名，在今四川奉节），在漳西筑草堂居住，草堂四周修竹茂林环绕，环境清静。特别是草堂前的几株枣树，到了秋天，树上挂满了红枣，显得格外夺目。

草堂西边不远处，住着一位邻居。她无儿无女，家徒四壁，没有任何财产，房子已是破烂不堪，是一位孤苦伶仃的老妇人。平时以糠菜聊以充饥；秋天，枣子成熟的时候，她常到杜甫的草堂前来打枣，以枣充饥。杜甫知道这位老人的家境和身世后，对她十分同情，树上的枣任其扑打，从不干涉。有时为了打消她的顾虑，还对她表现得格外亲切友善。

第二年，杜甫从草堂搬到了几里路远的东屯居住，把草堂借给一个从忠州（州名，辖今四川忠县、丰都、垫江、石柱等县）来的姓吴的亲戚住。这位吴姓亲戚搬到草堂后，为了居住方便，在草堂周围稀稀疏疏地插上了一圈篱笆。老妇人误认为草堂新主人不准她打枣子了，就跑到杜甫那里哭诉她的苦处。杜甫听了很是震惊，他知道如果姓吴的亲戚真的不准老妇人打枣的话，这无异于断了老妇人的一条生路。老妇人走了之后，杜甫心潮澎湃，挥毫写一首诗，这就是著名的七律诗。《又呈吴郎》：

堂前扑枣任西邻，无食无儿一妇人。

不为贫困宁有此？只缘恐惧转须亲。

即防远客强多事，便插疏篱却甚真。

已诉征求贫到骨，正思戎马泪沾巾！

这首诗的大意是：堂前枣熟的时候，我任凭西边的邻居来扑打枣子，因为我知道这位邻居是一个没有衣食，没有儿女依靠的老太婆啊。如果不是生活贫困的话，她怎么会这样做呢？所以，每当她来打枣看到我而有些恐惧时，我反而对她更加显得可亲，以消除她的顾虑。现在，你一搬来，那老太婆就担心你这位远方来的客人会不允许她打枣子，可是你既然插起了篱笆，也就使无心变成了有意了。她向我哭诉，由于官家的横征暴敛，她穷得已是剩下一把老骨头了。每当我想起战争还没有停息，我不禁又是泪流不止啊！

诗中抒发了杜甫关心人民疾苦的炽热情怀。吴郎看了这首诗，为杜甫的真挚感情所感动，像杜甫一样对待老妇人，并拆除周围篱笆，消除了她的疑虑。

抓住小偷以后

北宋时，曹州（今山东菏泽）有个叫于令仪（生卒年不详）的人，是个普通的老百姓，一生勤劳持家，积蓄了不少财产，到晚年家业兴旺，建起深宅大院，成了当地闻名的富户。

于令仪虽然富有了，但他从不做为富不仁欺压乡邻的事情。他对子女管教极严，要求他们好学上进。他自己兴办学堂，请有名望又有真才实学的老师授课，让他的儿孙都得到良好的教育。村里有后生想读书又交不起学费的，只要他努力学习，于令仪从不过问学费。特别是他宽厚待人的故事，乡邻广为传颂。

一天晚上，有人潜入他家里偷东西，被他的几个儿子抓住了。喊声惊动了正在书房里读书的于令仪，他提着灯笼向这边走来，几个儿子把贼架着送到他的面前，他用灯笼一照，认出这位低着头站在他面前的盗贼竟是他邻居的儿子，不禁大吃一惊。

于令仪问他："你向来是一个本分的青年人，从未有不良行为，为什么现在干这种偷盗的事呢？"邻居的儿子回答说："家里穷得揭不开锅了，不得已走了这条路，还望于老伯开恩，给我一条以后做人的路，不要说出去了，我以后再也不做这样的事了。"于令仪知道他父亲近来有病，卧床不起，家里穷困请不起医生，很是同情邻居。于是问他想要什么，年轻人说：

"需要十元钱供穿衣吃饭就足够了，还可以请医生给我爸治病。"十元钱对于令仪来说也不是个小数目，但还是如数给了他。

邻居的儿子羞愧地拿着钱走了。刚要走出大门，于令仪又喊住他，那年轻人以为于令仪变卦了，不知怎样处罚他，非常害怕，站在大门口进退两难，不知所措。于令仪对他说："你家很穷，现在又是深更半夜，你匆匆忙忙地带这么多钱回家，遇上巡逻查夜的人盘问你，你怎么说呢？"于是留他在家里过夜，第二天天亮时才让他回家。

事后，邻居的儿子感到十分惭愧，决心改过自新，像于老伯那样宽厚诚实做人，勤俭持家，并挑起了维持全家生计的重担，把家里管理得井井有条，田里农活一个人承担。幸好那几年风调雨顺，庄稼连年丰收，加之农闲时也到外面做点生意，经过几年的努力他积蓄了一点钱和粮食，不仅请医生把父亲的病治好了，而且家里逐渐有了节余。亲友乡邻都称他是个好后生，但他却说："如果没有于令仪老伯的帮助指教，我哪有今天。"

这件事传出后，乡邻都称赞于令仪为善士。

李世民任贤不择民族

唐太宗听取魏征等人的意见，定出"偃武修文，中国既安，四夷自服"的国策，对待少数民族采取了比较缓和的政策，特别是选拔少数民族中一些有才干的人到朝廷担任高级官员。唐太宗对突厥人契苾何力重用不疑，在少数民族中有着很大影响。

契苾何力，姓契苾，名何力，是突厥族首领之一。贞观六年（公元632年），何力同母亲姑臧夫人率领本部落千余家迁到河州（今敦煌一带），归附唐朝。唐太宗把他们安置在甘、凉二州（今甘肃的张掖武威地区），并授予何力"左领将军"之职。

契苾何力骁勇善战，又有远见卓识。隋末唐初，青海以及西域南部的若羌、且磨一带的吐谷浑经常作乱。唐太宗命契苾何力同李大亮、薛万均两员大将一起征讨吐谷浑。薛万均兄弟在战斗中受伤坠马，形势危急。何力率领轻骑兵兼程疾驰，奋力杀敌，救出了薛万均兄弟，消灭了吐谷浑叛军。

胜利的消息传到了长安城，唐太宗非常高兴，特派使者到前线慰劳将士。薛万均为骗取皇上的封赏，竟然编造谎言，诋毁契苾何力。

契苾何力回朝之后，说明了真实情况，唐太宗非常生气，下令解除薛万均的官职，让何力担任。何力坚决推辞说："皇上根据这件事就撤去万钧官职，这样做不太合适。各少数民族不知道真实情况，会认为皇帝重视胡人，而小看汉人，产生轻视汉人的心理，臣以为这不是安邦定国的好办法。因此，请陛下三思而后行。"

唐太宗认为何力的话很有道理，就将薛万均调为玄武门宿卫，执掌屯营事务。打这以后，唐太宗更加看重何力，并把临昭公主嫁给他。

贞观十四年（公元741年），唐太宗让契苾何力探视他在凉州的母亲姑臧夫人，以示唐朝对铁勒各部落的关怀。当时铁勒族薛延陀部逐渐强盛，何力的母亲姑臧夫人和兄弟契苾沙门以及其他部落在一部分叛党的胁迫下，要归附薛延陀。何力到那里后，诚恳劝告其部落："唐帝给你们这样大的厚恩，怎么可以做叛逆呢？"

唐太宗

那些叛党说："你的母亲、兄弟已归顺薛延陀了，你为什么不去？"

何力义正言辞地说："沙门孝于母亲，我忠于君，决不能跟你们去。"

叛党用武力把何力带到了薛延陀部。薛延陀酋帅真珠毗伽可汗恫吓何力说："现在你只有两条路可走，要么随我反唐，要么自寻死路。"何力听了这些话，拔出佩刀面向东方大呼："岂有唐朝烈士向贼寇屈服的道理，愿天地日月知道我对大唐的忠心！"说完用刀割下自己的左耳朵，以此表示忠于大唐的决心。真珠又气又恨，要杀掉何力，被妻子苦苦劝住了。

在何力被困期间，有人报告唐太宗说何力已经叛变。唐太宗说："何力忠心耿耿，决不会叛我，今后不准在我面前讲何力叛乱的事情。"过了不久，果然有使者从薛延陀部来，报告了何力去后感人肺腑的忠烈行为。

唐太宗听后感动得流下眼泪，对左右说："何力果然像我预料的那样啊！"唐太宗立即命令兵部侍郎崔敦持节速往薛延陀部，把新兴公主嫁给他，换回何力。何力终于返回唐朝。

唐太宗任人以专，不信谗言，大胆提拔和重用少数民族中德才兼备的将领。契苾何力忠心为国，大义凛然，不负唐太宗的期望，君臣同心协力，深信不疑。这段佳话，不失为中华民族开化史上一段美谈。

公元 677 年，何力逝世，唐太宗封他为辅国大将军、苏州都督，葬在太宗墓昭陵的旁边，这是封建时代给予臣子最高的荣誉和奖赏了。

左右两相

秦穆公想称霸中原，四处招贤纳士。他听说百里奚既忠君，又有计谋，是个不可多得的人才，于是恨不得马上找到百里奚，让他成为自己的助手。

经过一番曲折，秦穆公终于找到了百里奚。一见面，秦穆公才知道百里奚已经是满头白发的老人了，不禁有点失望，随口问道："您多大年纪了？"百里奚说："已经七十岁了。"秦穆公非常遗憾地说："可惜太老了！"

百里奚说："是啊，论年龄是老了点，不过，那要看做什么事情了，如果让我去追飞鸟，或者捕捉猛兽，那确实是老了；如果是让我为国出谋划策，那还正是时候呢！谁不知道当年姜太公八十岁还为周武王夺天下，立下了汗马功劳呢。我比姜太公当年还年轻十岁，难道就没有用吗？"

秦穆公听了，觉得有理，认为百里奚确实是人才，就向他请教固国强兵的办法。百里奚有问必答，说得头头是道。秦穆公越听越兴奋，大声说道："天助我啊！我有了先生，就像齐桓公有了管仲一样啊。"就完就拜百里奚为相。百里奚说什么也不同意。他对秦穆公说："我的本事和才华远远比不上我的朋友蹇叔。主公若是想称霸中原，就应该拜蹇叔为相。"秦穆公听了，连忙又派人去蹇叔隐居的地方，请他出山。

但是，蹇叔却认为，要是秦穆公真能慧眼识闲人的话，一个百里奚已经足够了，于是竭力推荐百里奚。前去接蹇叔的工资絷忙说："百里奚大夫说过，如果您不去秦国，他也不愿一个人留在那。"蹇叔听了，只好跟着去了。

蹇叔到了秦国，秦穆公向他请教治国图霸业的良计。听了蹇叔侃侃而谈，秦穆公觉得有道理，真是相见恨晚，不由得连声笑道："我得蹇叔和百里奚，如同又增左右臂。"第二天就拜蹇叔为右相，百里奚为左相。

从此，秦国在左右两相的辅助下，一天天强大起来了。百里奚和蹇叔两人互相谦让，推荐让贤的事迹也在秦国传送开来，成为美谈。

蹇 叔

将相和

战国时代，一天，赵国的国都十分热闹，赵王亲自加封蔺相如为上卿（即丞相）。这是国君之下最大一阶官职。殊不知蔺相如原本是赵国宦官头目缪闲的一个门客。在秦王找借口欲大兴兵马攻打赵王之时，由于文武大臣个个束手无策，才推荐蔺相如出面。于是他只身勇走秦国，不辱使命。这就是"完璧归赵"的故事。后来在渑池会上，相如强迫秦王击缶，大灭秦国威风。秦王看到赵国还有这等人物，未敢轻举妄动，又一次拯救了赵国。这样，相如才由一个小小门客被赵王封为上卿，官职在廉颇之上。

廉颇呢？他是赵国的老臣，能征善战，勇猛无比，对国家忠心耿耿，在百姓心目中德高望重。此外，廉颇其人心直口快，好强气盛；喜怒哀乐皆行于色，大家对他那暴躁的脾气也都一清二楚。

而蔺相如不仅有胆有识，而且心细过人。在朝廷上赵王加封自己时，他已经察觉到廉颇在旁一言不发，面带不悦之色，心里就明白了七八分。

他料想，今后廉颇会处处为难自己，可是他更清楚国家当前的处境：许多消息表明，强大的秦国几次都想灭掉赵国，虽然没有得手，但他们是不会死心的。如今正冷眼旁观，伺机再犯赵国。自己和廉颇是赵王的左膀右臂，如果两人闹矛盾，将对国家万分不利。这实在是国家危亡之大事，决不能感情用事或草率从事。想到这里，相如心中已有打算。

果不如蔺相如所料，廉颇回到府中，越想心中越有气。他反背双手来回踱步，声如洪钟地对左右说："我乃是赵国的大将，多少次领兵攻城破敌，出生入死，几十年屡建奇功，才有现在的地位。那蔺相如，他……他本来就是个卑贱的人，只靠两次铤而走险，只凭着能说会道……可现在他竟然职位比我还高，这可让我把脸往哪放啊？我不甘心呀！"左右之人也都窃窃私语，为主人鸣不平。这时忽听廉颇咬牙切齿地说道："你们传话出去，以后我见到蔺相如，一定要羞辱他！"

可是后来一段时间，廉颇总是找不到机会。为什么呢？原来每当蔺相如、廉颇一起上朝，蔺相如就称病在家，这样就避免了由于站次次序的高低而引起不快和矛盾。有时蔺相如在外办事，远远看见廉颇的马车过来，就急忙让车夫改道绕行。

这天，蔺相如乘车外出办事，正在沉思，忽听前面一声马嘶，接着传来阵阵马蹄杂沓之声。蔺相如抬头望去，只见一队人马有三四十人，向这边疾驰而来。打头一人骑在马上犹如半截铁塔，一手按剑，一手扬鞭，两眼圆睁，双眉倒竖。身后一面火焰般的大旗，书一斗大"廉"字。路上行人纷纷退后。啊，这可真是狭路相逢。眼看马队转瞬就到，蔺相如念头如飞，大声叫道："车夫，拐上右面小道，快！"车夫不敢怠慢，急转马头，马车一阵颠簸，已行在一条岔路上。蔺相如还来不及回头，就听到身后一阵急促的马蹄声疾驰而过，掀起一阵尘烟。

这时，蔺相如的门客可沉不住气了："这真是欺人太甚！""将军，您为什么这样呢，您的位子在他之上，理应他让路的！""这也太不像话了，他廉颇哪里像个老臣？""将军，您未免也太过胆小了。"一阵气话之后，只听有人伤心地说："将军，我们之所以远离家人投奔到您的门下，只是因为仰慕您的高尚品德，现在您比他地位只高不低，可就因他扬出恶言，您就总躲着让着，叫我们这些人都感到羞耻，何况大人您呢？""是啊，我们也太无能了，您让我们走吧!"

蔺相如待大家发泄完之后，用手正正发冠，心平气和地开导部下说："秦王的威风大吧，可我在他的殿中厉声斥责他，又辱没他的大臣，难道我真的惧怕廉颇将军吗? 你们知道，秦国现在不敢对赵国动武，只因为我和廉颇将军一文一武。我们如同赵王的左右两只手，如果两只手打起架来，就要被人当胸打一拳，而无防守之力。"蔺相如做了个手势，又语重心长地说："我所以这样做，就是为国事为重，个人恩怨又算得了什么呢?"

负荆请罪

这番话很快传到了廉颇耳中。廉颇听后，先是十分震惊，待慢慢平静下来，左思右想，渐渐醒悟，深感内疚。他想："蔺相如虽是从一平民到此地位，但人家能以国事为重，深明大义，不计个人恩怨，心胸开阔，真是一个堂堂的男子! 而自己身为赵国栋梁，朝廷老臣，在当下的时局中却如此因私忘公，只因面子问题就……跟他比自己的心胸真是何等狭窄啊。"就这样，后悔不已的廉颇赤裸上身，身负荆棘，步行到蔺相如府上谢罪认错，这就是流传久远的"负荆请罪"的故事。

田文不忌吴起

战国时候，魏国是"七雄"之一。

魏国强大起来是与大政治家、军事家吴起分不开的。

吴起，原是卫国人。他几经周折，来到魏国。魏国国君魏文侯十分高兴，因为，魏文侯一直希望能有一位善于领兵打仗的人，以使魏国渐渐强大起来。

魏文侯下令召见吴起。

吴起身着书生服装来会见魏王。魏文侯打量着文绉绉的吴起，脸上不高兴地说："你是吴起？你能议论富国强兵之事？哼，我可不感兴趣！"

吴起知道魏文侯不信任自己。他笑了笑，整整衣襟，坐下从容地说："您一年四季常常派人去捕杀野兽，剥制兽皮，做成红漆皮衣，不知大王要干什么？"

那皮衣是魏王准备的军甲，听到吴起问这个问题，心中一惊。

吴起又问："您打造许多兵器，难道是用来装饰门面吗？还有那些战车，仅仅是为了打猎吗？"

魏王要富国强兵的心愿被吴起说中了。他十分喜悦说："吴起果然不凡，了解我的心愿。"

吴起哈哈一笑。

魏王问："既然你了解我的心意，那么，你就讲讲，我该如何去做呢？"

吴起挺挺胸，从容不迫地说："您做了许多打仗的准备，却不去寻找一位能够打仗的人。这就好比，您让母鸡去斗山猫，让吃奶的幼犬去摸老虎屁股。心愿很好，想要取胜，但结果却是悲惨的。"

魏王说："你是说我应该物色一位能干的指挥官？"

吴起点点头说："对，需要一个懂得打仗的人为您训练军队，带兵打仗。"

魏文侯十分高兴，伸出胳膊拉住吴起的手，大声说："你就是我需要的人！我下令让你做魏国的大将军。"

吴起当了魏国的大将军之后，协助相国李悝对国家的政治实行改革，并率兵打了几次胜仗，使魏国成为战国早期的最强的诸侯国。

魏文侯死了之后，魏武侯继位。他派吴起到西河去当郡守。吴起将西河管理的井井有条。这样吴起在魏国的名声更大了。

不久，魏武侯要选一位大臣担任相国。因为吴起威信很高，大家都认为吴起被选中是理所当然的。

吴起私下里想："比一比满朝文武，也只有我适合但当这一要职。"

出人意料的是，魏武侯在一天清晨向满朝文武大臣宣布："我命田文担任相国职务。"

田文站起身，上前接过相印，说："感谢您对我的信任。"

这时众大臣都愣住了，大家都转头看吴起。吴起果然气得满脸通红，显出非常不满意的神气。

退朝之后，大臣们纷纷走到田文面前说："恭贺你荣升相国!""祝田相国今后顺利。"

须发皆白的田文哈哈一笑说："这是魏王对我的信任。其实，田文有什么了不起，今后还要靠大家的支持!"

人们渐渐散去了。

吴起上前，一把拉住田文，不服气地说："田大人，我想和您比一比，是您的功劳大，还是我的功劳大?"

田文微微一笑说："可以，可以。"

看到田文平静的态度，吴起更生气了。他怒不可遏地说："你想一想，率领士兵，不怕牺牲，英勇作战，使魏国的敌人闻风丧胆。这些你与我比，如何?"

吴　起

田文摇摇头，心平气和地说："我不如你。"

吴起又问："您想一想，管理百姓，安定民心，使魏国富强起来，这些您比我如何?"

田文又摇摇头，仍心平气和地说："我不如你。"

吴起又问："您再想想，镇守西河，使秦国不敢来犯，韩赵两国听从魏王。这些您若比我如何?"

田文一点也不生气地回答："我还是不如你。"

吴起挥起胳膊，大声问："既然这些你都不如我，而你倒当上了相国，使人们耻笑我，这该怎么解释呢?"

田文望着气呼呼的吴起，并不计较吴起的无理，捋了捋胡子，慢条斯理地说："我们大王刚刚就位不久，年纪也轻。大臣们对新王还不肯听从命令，国中的百姓对新王也还不够了解，所以不很信赖。应付这种比较严峻的局面，你也想一想，是你出面当相国好呢？还是我这个老臣出面好呢？"

吴起听了，想到田文说的情况，的的确确只有像田文这样的老臣才能稳定局面。他明白了田文是从国家利益考虑的，而自己却过多地想到自己。

吴起沉默了好一会儿，有些羞愧地说："还是您说得对，大王命您当相国比我要合适啊！"

田文诚恳地说："我不计较个人怎么样，为了国家，希望你我合作。"

吴起连连答应。

从此，两个人相互支持，为魏国的强大携手并进。

寇恂顾全大局

寇恂和贾复是我国东汉开国皇帝刘秀的两个得力助手。

公元25年，河南中部的豪强联兵割据，准备进犯汉朝的都城，汉光武帝便派寇恂到河南颍川任太守，带领部下去扫除豪强势力。只用了几个月时间，寇恂就平定了割据势力。

不久，朝廷又派贾复将军进兵河南汝南。途径颍川的时候，贾复的一个部将杀了人。当时，战事频繁，军纪不很严明，将领犯法大都不了了之。可是寇恂却十分注意纪律，决不允许军队扰乱百姓，他当即下令部下将贾复的部将抓了起来，按军纪把他杀了。贾复知道后，十分不满，认为寇恂藐视他。当贾复平了汝南，回军颍川时，他对部下说："我和寇恂都是将帅，地位一样，现在他竟然损伤我的面子来给他自己脸上贴金，他真是不识好歹，要是现在我见到寇恂，我一定要亲自用这把宝剑杀死他！"

这话很快传到了寇恂的耳朵里，他就想法避免同贾复见面。寇恂的外甥谷崇知道了这件事情，很不服气，对寇恂说："有我谷崇在，要是他贾复真的敢来，我就用宝剑来对付他。"寇恂连忙阻拦他，还激动地说："五百年前赵国这样一个小小的国家，还有像蔺相如这样为公忘私的人物，我们怎么能忘掉呢？"

很快，贾复的部队就要进入颍川地界了，寇恂当即命令所属各县准备迎接贾将军，并给每个士兵都准备双份丰盛的酒饭。当贾复的部队凯旋而回，刚进入颍川，寇恂就亲自到路口迎接，他慰劳过先头部队之后，突然假说有病，就先回去了。贾复听说寇恂来过又走了，准备带兵去追，但看到将士们个个都喝得醉醺醺的，也就只好作罢了。

寇 恂

后来，汉光武帝知道了这件事，特别把贾复、寇恂同时召来，对他们耐心开导，两人都很感动，互相道歉。从此以后，他们两人的关系比以前更加密切，成为汉光武帝刘秀的两个不可多得的臂膀。

消除私怨同杀敌

唐玄宗的时候，守卫北方边镇的两位著名武将，一位叫郭子仪，一位叫李光弼。两人本来是很要好的朋友，互相信任、互相支持，但是由于在用兵上出现一点分歧，再加上别人从中挑拨，两人的矛盾越来越深，竟发展到互相见了面也不说话的程度。

后来，李光弼因为平定安史之乱有功，被新即位的肃宗皇帝任命为关内河东副元帅。负责收复失陷的长安、洛阳两个城。这样一来，李光弼就成了郭子仪的部下了。

深夜，军营上下都歇下了，郭子仪却仍在帐内沉思。他想到国家的破败，唐王朝人心不齐、士气不振、叛军猖狂。而手下诸将，唯一令他满意的要数李光弼，李光弼作战勇敢，又精通兵法，可是自己跟其关系……想到这，郭子仪心里很不安。他知道，战场上需要的是同心协力。自己与李光弼见面时都不说话，又怎么能在一起打仗呢？

这时，李光弼也是坐立不安。他想到过去和郭子仪同吃同睡，在战场上并肩作战，真可谓情同手足。自打有矛盾后，两人见面除公事之外再也无话可说了。如今郭子仪兵权在握，自己是他的属下，实在是前途难料，不得不防着点儿！

第二天一早，郭子仪召集众将领说："皇上命令我等即日出兵收复长安，我急召各位将领，就是共商作战策略的。请诸位以国家为重，大局为上，同心协力，直捣长安。"

一席话说得李光弼如坐针毡。他觉得郭子仪的眼睛老瞟着自己，特别是最后一句话，似乎是故意针对自己说的。主将有令，属下能不从吗？想到这，李光弼站起身来说："元帅，收复失地末将打头阵。过去我得罪了您，要杀要剐听凭处置。只求元帅看在末将几十年征战的份上，不要伤害我的妻儿老小。"

没等他说完，郭子仪急忙走上前去紧紧抱紧李光弼说："贤弟，快别这么说，如今国家危难，百姓涂炭，正需要像贤弟这样的人才。过去的事我也有错，从今天起，我们要以国家为重，以灭贼为己任，再不能像过去那样鼠肚鸡肠，计较个人私怨了！"

看到郭子仪如此心怀坦荡，不计较私怨，李光弼十分感动，当下和郭子仪对拜了几拜，前嫌尽释。

号炮三响，十万讨贼大军浩浩荡荡出发，走在最前的，是先锋李光弼。只见"李"字和"郭"字两面大旗迎风飘荡。

郭子仪

贺龙一心为党

战争年代，贺龙不顾自己的安危和困苦，时时为党着想，处处为党分忧。他经常对部属讲："党中央是脑壳，我们是四肢，红军有几支，共产党只有一个。我们大家都要保护党中央，保护脑壳。"

1936年夏天，贺龙率领红二方面军长征来到了四川、青海交界的地方，前面是荒无人烟的水沼草滩。此时，指战员们经过长途跋涉，连续作战，体质已十分虚弱，而且大部分部队都已断粮。在这种情况下，供给部的同志请示贺龙，要求把驮运银元、黄金的牲口杀掉，将肉分发部队作军粮。贺龙没有同意，深情地说："牲口杀不得，它驮的是我们一路上打土豪缴获的金银。我们的党是穷党，很需要钱。我们一路上舍不得吃，舍不得用，就是为了把这些金银带到西北，给党添点财。大家再坚持一下吧！"同时，他还主动把自己仅有的一点粮食拿出来，交给了供给部。不久，这些驮着金银的牲口陆续死掉了，贺龙为了保护金银，又想出了一个妥善办法，动员大家每人带五块大洋北上。最后，这些钱财终于带到了西北，除留少部分支援兄弟部队和自用外，大部分交给了党中央。

贺　龙

1983 年 11 月，担任八路军 120 师师长的贺龙，指挥 358 旅在山西五台县的滑石片，打了一个大胜仗，歼灭日军一个大队共计 700 余人，缴获了不少武器弹药和物资。当时，部队的物质条件很差，穿的衣服都很单薄。战斗胜利后，有些参加战斗的旅、团干部立即穿上了缴获的呢子大衣，有的还骑上了日本"大洋马"。贺龙对他们说："你们应该把缴获的服装，连同马匹和其他战利品送到延安，交给党中央。"

陈毅被绑四天四夜毫无怨言

1937 年秋，我党提出的国共合作统一抗日的主张实现了。但在湘赣边区的游击队，由于受到国民党反动武装的重重包围，同党中央断绝了联系，对这一重大事件，他们毫不知情。就在这个时候，陈毅同志不顾个人安危，只带着项英同志的一封信来到边区，向游击队传达党中央、毛主席关于国共合作抗日的指示。由于过去被叛徒出卖而造成流血的教训太多了，游击队对于敌人的宣传和来到山区的人都非常警惕。再加上陈毅同志只身进山，手续不完备，游击队领导人竟把他们当作"叛徒"捆绑起来，还准备杀掉。

陈毅同志在生死关头，毫不畏惧，仍以大局为重，耐心地宣传党的抗日民族统一战线方针政策，整整讲了一天一夜，终于感动了游击队领导人，暂时不杀他。后经派人去吉安等地了解，弄明了真相。游击队领导人难过地哭了，给陈毅同志松了绑，并向他道歉。陈毅同志整整被绑了四天四夜，但毫无怨恨之意，反倒安慰大家，还主动承担了自己手续不完备所造成的误会。他这种宽阔的胸怀，使大家十分感动和佩服。在陈毅同志的领导下，边区的游击队改编为新四军二团，奔赴抗日前线。陈毅同同志事后常说："为了人民的事业，对人民内部矛盾，要委曲求全。"

陈 毅

我们拉起套来使得是一股劲

彭德怀元帅和王震将军，都是从枪林弹雨中闯过来的人民解放军高级将领。两个人在几十年的共同战斗中，互相依赖，互相支持，肝胆相照，和衷共济，建立了真挚的革命友情。但他们的友情却有这样一个明显的特点，那就是相互之间的意见讲在当面，直来直去，从不隐讳。作为下级，王震对彭德怀十分敬重，但提起意见来毫不客气；作为上级，彭德怀对王震非常关心，但批评起来也很厉害。

在解放大西北的一次攻坚战中，部队遇到敌人的拼死顽抗，仗打得十分艰苦，连攻数次都未奏效。王震看到敌人阵地久攻不下，立刻火起来，亲自跑到前沿阵地指挥。过了一会儿，彭德怀也赶到了前沿，发现王震在那里，严肃地批评道："你怎么跑到前沿阵地，向谁请示的？"王震看到彭德怀到了前沿阵地，马上急了，大声反问："你是野战军司令员，责任重大，这里这么危险，你为什么跑来？"彭德怀十分镇定地说："你死得我死不得？"两个人在生死关头的相互批评，充分体现了他们之间相互关心的战友深情。后来，彭德怀在一次谈话中，曾把他与王震的关系作了这样一个诙谐的比喻："我和王胡子（指王震）像一个槽里吃草的两头驴，吃着吃着就打起来了，但我们拉起套来，使的是一股劲。"

天下哪有红军打红军的道理

长征途中，担任红四方面军主要军事指导员的徐向前，身处张国焘在红军内部知道分裂的艰难处境，始终像珍惜自己的眼睛一样，来维护各路红军之间的团结。

1935 年 5 月，为接应刚刚北渡金沙江的中央红军，徐向前连续几次给党中央发电，以极大的热忱欢迎中央红军的到来。当时，他考虑到中央红军长途转战的疲惫和困难，特地向所属部队下达指令，动员群众筹集粮食、被服、牛羊、盐巴等物资，在全军开展制作和捐献慰问品的活动，并且亲自委派三十军政委李先念率领部队前去迎接，还把具体执行这一任务的先头部队师长韩东山找来，商量如何扫除沿途的敌人，如何保卫中央领导同志的安全和搞好团结问题。

1935 年 9 月，得知张国焘危害中央的密谋后，党中央率一、三军团从巴西先行北上。四方面军在前面的部队不明原委，打电话来请示：中央红军走了，还对我们警戒，打不打？此时，陈昌浩在指挥部拿着电话问徐向前怎么办？徐向前斩钉截铁地说："天下哪有红军打红军的道理！叫他们听指挥无论如何不能打。"事后，周恩来和彭德怀等同志曾高度评价说，徐向前同志在关键时刻，为维护红军的团结做出了重大贡献。1936 年 7 月初，红二、四方面军在甘孜审理会师。会师以前，徐向前亲自给部队作动员说：红军是一家人，我们和中央红军与二方面军的关系，还比老四和老大、老二之间的兄弟关系。上次我们和老大的关系没有搞好，要接受教训。"兄弟阋于墙，外御其辱。"吵架归吵架，团结归团结，不能分家。现在老二就要上来，再不搞好关系，是说不过去的。每个部队都有自己的长处、短处，方针是互相学习取长补短，加强团结，一致对敌。

对此，当时担任红二方面军副总指挥的肖克，后来还兴奋地回忆说，四方面军的统治认真执行了徐向前的指示，当先头部队会师时，他们得知我们后面还有几百名掉队的同志，立即派出了数十匹马去接。他们还根

徐向前

据徐向前同志的叮嘱，特地派了一批炊事员，预先给我们做好饭，烧好茶水。同时，还送来了毛背心、牛羊肉等慰问品。我们的战士就像回到自己家里一样温暖。

徐海东顾全大局

1935 年底，担任红十五军团团长的徐海东，在得知派去的侦查员同中央红军先头部队联络上后，非常高兴，亲自对供给部的同志说："我们来到陕北比中央红军早，人地熟悉，中央红军刚到，困难比我们多。我们要勒紧裤腰带，多为中央红军解决困难。"随之，他指示供给部将全军团各种费用的全部资金 10000 元边币，统统送给了中央红军，为经过长途跋涉，初到陕北的中央红军"雪中送炭"。为此，毛泽东和彭德怀马上写信给徐海东、程子华、刘志丹三位同志，对红十五军的无私帮助和大力支持表示感谢。

不久，红十五军又专门召开了为中央红军解决困难的连以上干部动员大会。会上徐海东以响亮的声音，发表了激动人心的讲话："中央红军是毛主席直接指挥的，军政素质好，战斗作风硬，他们一次又一次打破了国民党反动派围追堵截的计划，粉碎了蒋介石'剿共'阴谋，是一支英勇善战、

举世无双的部队。我们一定要向中央红军学习，搞好团结，不要闹宗派、搞山头。我们早就盼着中央红军来，现在中央红军已经来了，我们用什么作见面礼，表表我们红十五军团的心意?"讲到这里他朝全体同志扫了一眼，然后有力地挥了一下手，坚定地说："拿出实际行动，尽最大努力，节衣缩食，从人员上、物质上支援中央红军!"沉浸在同中央红军会师喜悦之中的指挥员们，对军团长的号召立刻报以热烈的掌声。

最后，徐海东又在大家充分讨论、统一认识的基础上，当场宣布了军团决定支援中央红军的人员和物品：每个连队抽出机枪三挺、其他枪支若干，弹药若干箱；经济部、卫生部抽出部分衣物和医药用品；在最近进行的榆林桥和劳山战役中入伍的解放军战士。同时，为保证质量，他还向全体干部提出了三个不送的要求，即不送缺损零件的枪支、不送变质的药品、不送破脏的衣服。

动员大会之后，部队的情绪很高，迅速按军团首长的要求行动起来。过了十几天，当中央红军各部队派来取枪支物品的同志，看到摆在他们面前的油亮枪支、干净衣服和急需的药品时，无不称赞红十五军团顾全大局，风格高，为他们解决了大问题。

革命战士的友情

章太炎与邹容都是中国近代史上著名的革命志士，他们虽然相差 16 岁，却在革命斗争中结下了兄弟般的情谊，为世人所传颂。

章太炎（1869～1936 年），是中国近代民主革命家、思想家，名炳麟，号太炎，浙江余杭县人。1897 年与汪康年、梁启超、夏曾佑等人一起创办《时务报》，宣传民主思想。因参加维新运动，受到清政府的通缉，于 1989 年辗转台湾逃亡日本，1902 年与蔡元培先生创办上海爱国学社，1903 年初发表了著名的《驳康有为论革命书》，走上了民主革命的道路。

邹容（1885～1905 年），中国近代民主革命烈士，原名绍陶，字蔚乙，四川巴县人。1902 年留学日本，参加留日学生爱国运动，1903 年春回国，在上海爱国学社写成《革命军》一书，宣传革命是"天演之公例（社会发展的必然规律)",号召推翻腐朽的清朝统治,建立中华共和国。

章太炎

章太炎与邹容就是在上海爱国学社相识的。两人都立志革命,志趣相同,很谈得来。邹容写好《革命军》一书后,送给章太炎看,并请他作序,这时,章太炎已发表《驳康有为论革命书》,与邹容的《革命军》的观点很是投合。章太炎看了《革命军》之后,拍案叫好,欣然接受了邹容的请求,为《革命军》作序,并帮助他于1903年5月在上海大同书局出版。章太炎又把邹容的书推荐给当时的革命报纸《苏报》,5月14日,《苏报》发表《读〈革命军〉》文,阐述《革命军》一书的观点。从此,两人的友谊更是深笃。章太炎当时35岁,邹容19岁,两人相约结为兄弟之谊,成了"忘年交",立志为革命事业携手奋斗。

《革命军》一书出版,《苏报》又发表文章加以宣传,使邹容和他的《革命军》一书影响日增。清政府非常恐慌,下令查禁《革命军》,又勾结上海帝国主义租界当局,查封了《苏报》,通缉章太炎、邹容以及《苏报》负责人陈范、爱国学社负责人蔡元培。这就是著名的"苏报案"。陈蔡二人逃到国外,章太炎被捕。邹容因当时不在家,得到通报后,隐蔽在虹口的一个英国传教士家里。

1903年(清光绪29年)6月30日,反清斗士、革命家章太炎被捕,关在上海英国的巡捕房里,罪名是他为邹容的《革命军》一书写序言,而《革命军》这本书在清政府和英美帝国主义者看来,是一本犯上作乱的书。清政府还要逮捕这书的作者邹容。

这时邹容已在友人帮助下躲起来,但当听说章太炎被捕的消息后,不愿让自己敬重的战友、老师一个人承担责任,他自动到英国巡捕房去坐牢,两人同被关在帝国主义的监狱里。

在这暗无天日的牢狱里,这一对战友、师生受尽了酷刑的摧残、人身的侮辱和苦役的折磨，但他们坚贞不屈，互相支持，互相激励，决心把推翻清王朝统治的斗争进行到底。

一天，章太炎写了一首《狱中赠邹容》的诗，诗是这样写的：

邹容吾小弟，披发上瀛洲（指日本）。

快剪刀除辫，干牛肉作糇（hóu，干粮）。

英雄一入狱，天地亦悲秋。

临命须挽手，乾坤只两头。

最后两句诗的意思是：即使是死的时候，我也要和你携起手来同死；天地间我们两人立志革命，扭转乾坤，挽救祖国的危亡。

这首诗给邹容很大的鼓舞，他也回了一首《狱中答西狩》（西狩即章太炎）的和诗，诗的最后四句是：

一朝沦为狱，何日扫妖氛？

昨夜梦发汝，同兴革命军。

从诗中可以看出，邹容和章太炎一样，反对腐败清政府的意志是多么的坚强。

在监狱里，他们吃的是麦麸饭，粗糙难咽，消化不了，还时常挨打。章太炎说："我们身体都很虚弱，又不能忍受这种凌辱，肯定不能活着出去了。与其被他们凌辱而死，还不如现在以死来抗争，这样，即使死了，也还算有所作为。"邹容表示同意，但章太炎又说："你判二年，我判三年，你又比我年轻，应该活着出去，继续为革命事业去奋斗。"邹容不赞成，抱着章太炎痛哭起来，说："你我兄弟，情同手足，应该同生死，共患难，为了革命事业我们还是应该活下去，要死的话，我们也应该一同赴难，小弟在所不辞。"章太炎为抗议监狱当局的迫害而准备绝食，邹容不同意采取这种斗争方式，更不愿章太炎为救自己而作出这种选择，一直苦言相劝，并悉心照顾已开始绝食的章太炎。后来，在邹容的耐心劝说下，章太炎最后放弃了绝食。

他们入狱一年，同狱的五百人中有 160 多人病死、饿死或被活活打死，由此可见他们的境况之惨！狱卒对他们的态度也与日粗暴，稍有一些不顺眼，就用棍棒乱打，或施以酷刑。章太炎先因不满狱卒欺凌，被毒打了两次，后又因给狱外写信，又被毒打三次，轻的就无法计算了。邹容也挨了不少打。他们每次挨打时，气愤不已，无法忍受这种迫害，总是以拳还击，或者夺下狱卒手中的棍棒打狱卒，每每这样，他们受到的惩罚就更惨烈。每次发生这样的事后，他们都相互照顾，相互安慰，激励对方坚持斗争。俗话说，不怕死者勇。狱卒知道他们是不怕死的人，也不敢再轻易打他们了。

邹容年少坐狱，狱卒欺侮他小，多次打他，他心里总是处于激愤之中，吃的又是些麦麸饭，饿得面黄肌瘦，多次拉肚子，于1905年正月就病倒了。他整天整天地发烧，昏昏欲睡，心里烦闷又睡不着，半夜常常自言自语，通宵达旦处于头脑不清醒状态。章太炎很着急，白天黑夜地照顾他。章太炎读过一些医书，知道邹容需吃黄连、阿胶、鸡蛋、黄汤加以调理，才可痊愈。他向监狱长提出自己为邹容治病，不允许；他又提出请医生，还是不允许。这样，邹容病了40多天，于1905年农历2月29日（公历4月3日）半夜，死在狱中，时年21岁。

当天晚上，章太炎照料邹容到深夜，疲惫不已，就模模糊糊地睡着了，待到天亮时，发现邹容已经去世，他悲痛欲绝，抚尸痛哭，悲彻之音，感人泪下。他们为了革命事业相识相知，走到了一起，也是为了革命事业，他们一起坐牢，相伴牢中，结下了深厚的友谊。没想到这位血气方刚、才华横溢、比他小16多的可爱的年轻人，却先他而去了，他怎能不声泪俱下呢！

一年后，章太炎出狱赴日本。在日本，他成立了光复会，自任会长，后又参加了孙中山先生的中国同盟会；为革命事业战斗不息。无论到哪里，他都没有忘记曾与自己生死与共，为革命事业献出自己年轻生命的邹容。为了怀念和纪念邹容这位为革命事业献身的革命志士，章太炎还先后写了《邹容传》、《赠大将军邹君墓志表》等文章，以此来激励、鞭策自己和同胞，革命到底，忠贞不渝。